強い心をつくる5つのヒント

臨済宗大徳寺派
大徳寺頭塔大仙院 閑栖
尾関宗園

はじめに――自分の人生の炎を、もっともっと高く燃え上がらせろ!

「いじめ」の問題が今なお盛んにいわれている。しかし、いじめられる子の親のいうことが、私にはちと気に入らない。

いわく「うちの子をみんなで寄ってたかっていじめるような、あんなクラスにはとてもおいておけない」、さらに「このクラスでは、うちの家がとび抜けて立派なので、友達に嫉《ねた》まれているのです」などと。

いじめる生徒も悪いが、いじめられる生徒の親、大人のもっと大きな考え違いが、本人の足を縛っているのではないか。

たとえ、ひどいいじめのために転校してみたところで、このままでは、次の新しい学校の中でも、その子はやっぱりいじめられる要素を背負ったままではないか。

禅宗には、「主人公」という言葉がある。「どこへ行こうと、あんたがいつも一番なんや」という意味あいをもつ言葉だ。このことからすれば、「いじめられても、叩かれても、絶対に負けない子になる」ことこそが、その子にとって、一生涯本当に役立つ学習ではないかと私は思う。

負けない子に育てるには、何といっても、親である自分が「負けない人間」でなくては
ならない。子どもの問題は、即、親の問題、私たち自身の生き方の問題だ。

わずかばかりのこの人生で、痛快に時代を駆け抜けるのに、ちょっとした社会からの
「いじめ」や、あげつらいで、腹を立てたり、鼻の下をゆるめてみたり——そんな立ち止
まって、ゆっくりしている暇など、どこにもないはず。

たまにある他人からのいじめくらいのことで、「自分の能力は、せいぜいこの辺どまり」
と、尻の穴をすぼめ、いじけなくっちゃならないお互いかということだ。

ローソクにともされた炎を見てほしい。炎の高さが、これだけの寸法のものであると思
いこんでいるのに、そこへ、線香を近付け、火を移そうとすると、なんと、ローソクの炎
は線香に喰いつこう、燃え移ろうとして、さらにいちだんと背伸びする。

私どもの生命も、みな、その通りだ。

何べん叩かれても、けっとばされても、一晩寝たなら、また以前よりさらに激しく立ち

向かう自分がある。昨日、しっかりいじめられたお陰で、身がしまり、基盤が固まったのであろう。今日の自分は、さらにいちだんと年輪を増やし、幹を太らせ、すがすがしく行動できる。昨日以上に、ガムシャラに打って出られるのである。

人間は生まれながらに賢いのである。あなた自身、生まれながらにどんなに賢いか、分かっていない。だから、ひとつ、あなたに総理大臣をお願いしましょう。校長役を引き受けてもらいましょう。そしてあなたには、先生をやっていただきましょう、という訳だ。

校長や、総理大臣がえらいのとは違う。あなたが、一番賢いのだ、えらいのだ。

自信とは、他人からの評価によって得られるものではない。自分の行く道を信じて、進む。自分自身の道を進む。これが、「自信」に満ちたあなたの人生なのだ。

自分の人生の炎を、もっともっと高く燃え上がらせろ。あなた自身の、かけがえのない生命の炎を。この、たったひとつの炎を、思いきり大切にせよ。

私の願いはこの他にない。

尾関宗園

第2章 「俺が一番や！」という不動の心を持て！

第3章 自分に負けないことだけを考えろ

第4章 呵呵大笑、笑って壁を乗り越えよ！

第5章 死んでもともと、でっかく生きろ！

3 さあ、世の中愉快で愉快でたまらぬぞ！

4　堂々たる人生を生きる！　205

第1章

いま、この瞬間を精いっぱい生きよ

1 「無心」が強靱な力を生み出す！

人間は可能性に満ちた生きものなのだ。どこまで伸びていくかわからないほどの、無限の可能性を持っている。それが人間の人間たるゆえんなのだ。その可能性を生かすか、殺すか。すべて、あなたの意志の力次第なのだ。

人生の勝負はこの一瞬の意志力にある。〝意志力〟とは何か……それを伝授しよう。

●どでかいやつはここが違う

いま、この一瞬を精いっぱい生き抜く。

そうすれば、あなたの中にある、あなた自身も気づいていない、不思議なパワーが猛然とわきあがってくる。

人間の違いとは、あたりまえにやっているやつと、必死になってやってやっているやつとの差である。

生け花の花は、根っこが切り捨てられている。

今後とか将来とか言うものを、完全に断ち切り、見てくれる相手をも断ち切り、呑み込んでいる。たったいまの、その瞬間を生ききっている。だからこそ〝生ける〟だし、〝生き抜く〟のである。

生きがいのある人生、やりがいのある職場とは、過去とか未来を見ない場所であり、相手を気にしないところにある。点の連続によって、線ができる。その瞬間が充実していないのに、充実した人生もあったものではない。

あたりまえにやっているやつは、まわりの環境にしばられているから、無気力、無感動な自分しかない。

人生の勝ち負けなんて、瞬間だけなのだ。

ケンカをするときは、「売られたケンカだから仕方なくやる」では、負けなのだ。「この野郎、ブッとばしてやる！」と熱く燃えたほうが必ず勝つ。ここには力の差なんて存在しない。

その瞬間に勝ち、いきいき生きていくには、平生からそのときそのときを、精いっぱい、真剣に生きていく以外にない。

ことの大小にとらわれず、心の底から感激して、瞬間に命を賭けて進む。

そういう人こそ、人としての魅力にあふれ、あらゆる困難もハネとばす、強靱な器量を持っている人間なのだ。

大器たるもの、本来無一物。「熒《まど》わず　衒《てら》わず　諂《へつ》らわず」だ！

●動き出せば加速度がつく

人間の一生は、生まれてから死ぬまで滑走路そのものである。ということは死ぬまで成長し続ける未完成な生きものであるといってよい。

人間は無限の可能性を持った生きものなのだ。ただし、この可能性はグジグジウズウズ思い悩んでいてはちっとも現れてこない。

とにかく動くことだ。一歩ずつ歩き出してだんだん加速をして、走り出す。このアクセルを踏む「意気」の力こそが大切なのだ。

物体は動かすときが一番力がいる。機関車だって始動するときに一番電力を食うし、茶の間の扇風機だってそうだ。

ケチな経営者が電気代の節約というので、しょっちゅうクーラーのスイッチを切ったりつけたりしていたら、かえって料金がハネあがったという笑い話がある。モーターは動かすときに電力を食うのであって、動き出せばそうでもない。

人間もまったく同じようなもの。

動き出せば加速度がつく。この加速度をあおりたてて突っ走る。人生、端から端まで滑走路でできているといって過言でない。

人間が生きる道にはありとあらゆる障害物がある。雨や風ばかりでなく、人間そのものも障害になることがある。

あげ足を取るやつもいれば、足を引っぱるやつもいる。

そんなもののために、いちいち停車していたら、電力の大ロス。たちまちバッテリーがあがってしまう。

マラソンのレースでは、一度つまずいて転んだり、苦しくて立ちどまったりしたら、間違いなくアウトだという。

それだけ加速ということは重要なのだ。

なにかの本を読んでいたら、作家の宮尾登美子さんは、毎日必ず何枚かの原稿を書くことを自分に義務づけているという。一日休んでしまうと、次の日に二倍も三倍もの始動力がいるといっておられた。

プロスポーツの選手たちも、一週間トレーニングをさぼると、もとの筋力を回復するには一カ月を要するという。

たえず動くということは、これだけ大事なのだ。

週休二日制の普及で、かえって休日ノイローゼが増えたといわれているが、そういう人はからだや頭を休ませるのではなく、からだのすべてを停止してしまっていたのだ。

だから二日も止めていれば、エンジンは冷えきってしまうし、いきなり動かせばぶっこわれるのがあたりまえなのだ。

休止と休養ではまったく意味が違うことは、字づらを見ただけでおわかりだろう。

からだを休めて、鋭気を養う。

人間、毎日同じことで動いていればくたびれる。ハツカネズミの車まわしとはわけが違うのだ。そういうのは惰性で動いているのであって、遠からずすり切れてしまう。

人間が走り続け、生き続けるためには、たえず「意気」を補填《ほてん》しなければいけない。

毎日の仕事のほかに、気分転換をはかる趣味を持ちなさい、ということはそういうことなのだ。

好奇心、チャレンジ精神、これがなくては人間くたびれる。生きるのもいやになる。全部放りだして死にたくなる。

それじゃ、おしまいじゃないか。

大器たるもの「いままで」とか「これから」でなく「いまを喜び、いまを大切にする」だ！

●やればできるんだ

「よく学び、よく遊べ」というが、学ぶのも遊ぶのも同じことにならないとだめなのだ。よく遊んでいることが、同時によく学んでいるという状態であることが大切なのである。

「試験だから勉強しなければならない」と思ったら、すでに負けている。エンジン始動にたいへんなエネルギーを消耗する。

前提が間違っている。

試験があるから勉強するのではない。あなたは糞をするためにメシを食うのか。

試験なんて糞みたいなものだ。たまには下痢したって命には別状ない。そう思うことなのだ。そういう心でやっておれば、満点のウンコが出る。いやいや食うから下痢をする。下痢のしっぱなしならこれは死ぬぜ。

では、いやな勉強をどうしたら好きになれるか。

和尚さん、教えてくれ。あなたはこういうかもしれない。

「いやなら、やらなきゃいいよ」

こういうのが一番正しい答えのようだ。もちろん、いやなものを強制するのは私の流儀ではない。食わずぎらいで餓死するものなら、やってみなはれ。それも立派なもんだ。

こういって突き放すしかない。

だが、人間というのは、もともと好きこのんで餓死するようにはできていないのだ。腹が減れば黙っていてもメシを食う。

勉強だって同じなんだ。頭の胃袋がカラッポになれば食うようにできている。

勉強が嫌いで暴走族になった少年は、バイクと車の知識に関しては、そこらの点取り虫よりくらべものにならないくらい豊富ではないか。バイクだって勉強だ。いちいち〝勉強〟

とことわらなくたっていい。勉強だって遊びだって同じことなのだ。

要するに「やればできる」ということ。これしかない。

この〝できるんだ〟という心を得るには、まず、義務感や責任感から開放してやらなければならない。

「これをやらねば怒られるから」

「仕事をしなけりゃ食えないから」

こんなことではロクな結果は得られない。

人間、他人《ひと》のために生きているのではないのだ。自分が立派に生きる。その立派に堂々と生きていることが、他人のためになるということなんだ。間違ってはいけない。

「わがものと思えば軽し傘の雪」

だれの唄かわからぬが、むかしからこういっている。

重いと思っていた心なんてそんなものだ。やらねばならぬ人のため、と思ったら腰に力が入らない。それは心がはじめから重いからだ。思いが重いのだ。

重ければ動かないのは当然である。

●理屈や理論はあとからついてくる

大器たるもの、交わりは水の如し。簡素化、簡略化、軽便化を旨とし作略となす。

しかし、人間そう簡単にはいかないじゃないか。徳川家康だって「人生は重荷を背負って坂道を登るごとし」といっているではないですか、とあなたはいうかもしれない。

その通りだよ。重荷をしょって山登りなんだ。その山登りが好きかきらいかの差だけなんだ。苦しいと思った分だけ、頂上につけば、ちゃんと満足感の報酬がある。人間が登山をやるのは、山があるからじゃなくて、困難を乗り越えることに最大の喜びを感じるからなのだ。

はじめはいやでも、登りきれば嬉しい。その嬉しさが〝できた〟という心なのだ。ここにいたれば、もはや、〝いや〟が〝楽しい〟に完全に変わってしまう。

勉強だって、仕事だって、同じことなのだ。勉強の意味だとか、働く意義だとかグシャグシャ考えていたんでは、一歩も足が進まない。理屈や理論は行動のあとからくっついてくるものなのだ。そういう気持ちで勉強や仕事と遊んでみなさい。

「おまえ、遊んでんじゃないぞ」というやつのたわごとに耳をかすことはない。「人生って愉快なんだよね」って気分、楽しんでやっていれば、必ずいい結果がでるものなのだ。楽しむ心は、手や足や、耳や口や目を、自然に動かしてくれる。勝手に遊んでいるのだ。いつの間にか〝やらなければ〟という不快感はどこかに消え去ってしまっている。いま、この瞬間だけのエネルギーがあなたの中に満ちあふれている。これが〝無心〟ということなのだ。

この何事にもとらわれない心が、実にドデカい力を生むのだ。

人間は可能性のかたまりだというのは、このことだ。〝できる〟という心が、相乗的に加われば、〝何でも、できる〟という気持ちになる。一たす一は二というものではない。四にもなれば、十にもなる。

この可能性を人間は生まれながらに持っているのだ。生まれながらに兼ね備えている。その自主性をフルに活用しない手はない。

私はこれを人間の自主開発能力と呼んでいる。仏教のほうの言葉でいえば「人々本具個々円成」、自己の炎は、さらに上を求めてさかんに燃えることを意味している。

私たちの心は一分、一秒たりとも静止することなく生き続けている。生きている心は、一つひとつの物事や現象に、敏感に反応する。

たとえば気分が沈んでいるときに、誰かかわいい娘が電車の中でニッコリ笑いかけてくれれば、スッと嬉しい気分に変わる。

すべてが、次に展開する可能性に満ちているのだ。これを、この瞬間の中に持てることを喜びたいものだ。

●上から見ればすべてが見えてくる

自転車操業というとイメージが悪いが、人生だってそのようなものだ。止まれば倒れてしまう。あの細いタイヤの車体が倒れないのは、加速度をつけて走っているからだ。

この加速度が人間の意気であり、上昇率なのである。そしてこの上昇率を身につけ、自主管理能力を上手に発揮できる人間が、器が大きいといわれるのだ。

なぜならその人間は、自分の上昇率によって、意気の炎を燃えあがらせながら、上に上にと上昇するからだ。

上に行けば当然、下の世界を俯瞰《ふかん》できる。いろいろなものが見えてくる。全体の位置、世の中の構造、人の動きを見おろすことができるようになるのだ。

登山の最中には森林に視界をはばまれて、周囲が見えないものだが、さらに上っていけば、森が切れてパッと新しい世界が開けてくる。それなのだ。その地点に到達するためにわれわれは意気を燃やすわけである。

現代の社会は過度の情報化社会である。このあまりにも多すぎる情報量によって、われわれはかえって視界をふさがれているようなものだ。

情報の森林の中で、青息吐息で道を見失い、遭難寸前といってよい。

毎日の報道記事やテレビ番組を見れば、ほとんど遭難して、破滅の狂気の世界をさまよっている観さえある。

この危険な状態を脱却するためには、ひたすら自己の可能性を信じ、意気を燃やしながら向上心、一辺倒で上へ上へと上昇する以外に方法はないだろう。

われわれ人間は、本来その力をかね備えているのだ。「悉有仏性《しつうぶつしょう》」なのである。

●「可能性」を信じてこの世界から脱却しろ

ではなぜ、本来持っているこの素晴らしい可能性を発揮できないで、暗黒の世界をさまよっているのか。

その大きな原因の一つが、まさに情報化社会にある。テレビのスイッチをつければ王侯貴族の生活のような豪華な世界が、目の中に飛び込んでくる。新聞を開けば、ドサリと落ちる広告紙の束がある。

そのどれもが夢のような物質生活の誘いをわれわれにかけている。

金持ちを偉い人と思い込む。

だからひとびとは取り残されないように、必死で物の豊かさの階段をかけのぼり、そして転げ落ちる。

まるで地獄だ。豊かさという一本の蜘蛛の糸に一億数千万人の亡者がぶらさがって、阿《あ》鼻《び》叫喚《きょうかん》の惨状を呈している。

私はしみじみと「道貧にして人を愁殺す」の言葉を噛みしめる。

たしかに貧乏はつらい。しかし、もっとつらいのは、人間いかにして生くべきか、という向上心の道を見失った社会風潮ではあるまいか。

むかしの日本は貧乏だったたが、「首くくる縄切れもなし年の暮れ」という、心の豊かさがあった。

情報にふりまわされて、欲望のとりこになることほど恐ろしいことはない。蜘蛛の糸を奪い合うより、自分の本来かね備えている可能性を信じて、それにパワーをつけてこの世界から脱却したいものだ。そうしないと、ほんとうに頭が狂いかねない。

2 あるがままの姿を認めよ！

「悟り」とは何か。「禅」とは何か。「仏」とは何か。「人間の器」とは何か。

——この人間にとって永遠のテーマを、科学的な観点からあなたに説きあかしてみたい。宗教はもはや非合理の世界を脱却したのだ。

その証拠に最先端医療機器を使って、「禅」の精神構造を分解してみた。

●人間の能力は無限

大器たるもの「独生独死独来独去《どくしょうどくしどくらいどくきょ》」だ。

生まれてくるときも一人。死んでいくときも一人。一人で来て一人で去る。

だれも助けてはくれない。

弘法大師空海がその著書「秘蔵宝鑰《ひぞうほうやく》」の中でこう書いている。

生れ生れ生れ生れて生のはじめに冥《くら》く
死に死に死に死んで死の終わりに冥し

人間の一生はまことに冥闇の中をさまようごとしであるのだ。孤独で生まれ死ぬ人間は、その生涯の間にいろいろな人と交わる。その相手の人間が偉いのではない。人と人との間に尊いものがあるから人間と書く。その間の尊いものを引き出すことができる人間が大器である。

弘法大師の教えの中心は「即身成仏」である。死後の問題よりも生きているときの幸福を願う。「現世利益」という。

禅宗の考え方も「即身成仏」、あるいは「即心成仏」である。

しかし、「現世利益」のほうには、さほど力点はおかない。なぜか。

人間の能力は無限である。無限の世界で、利益とか幸福とかを一定の尺度でとらえることはできない。

幸とか不幸は、他人と比較することはできない。西洋のことわざにも、「隣の芝生は青い」という言葉があるが、人間の欲望は比較すればきりがない。そんな幽霊のような比較を追い求めるのはやめようではないか。

あるがままの姿を認める。認めるということは「見止める」である。それが悟りだ。

悟りとは「差とり」である。一切の差別を取り除いた心の姿である。

この、人間はすべて平等、あまねく大宇宙の森羅万象のすべてが平等であり、差がないことを認めた大きな心・無我の心が「仏」なのである。

「仏」とは悟り、すなわち「差とった」人間の「ほどけ」た心であるということになる。

しかし、もう理屈を並べるのはやめよう。

禅のほうでは、「不立文字《ふりゅうもんじ》」ということも大切にする。「悟り」とか「仏心」とかの心境は、言葉で表現できるものではない。それは「直下に観る」ことによってしかわからない。

その「直下に観る」力を得るための修行が坐禅であり、公案ということになるのだが、それは本書の中でおいおい触れていきたいと思う。

●雑然としたものを捨て去れ！

さて、人間の「器」ということだが、「器」とはいうまでもなく「入れもの」という意味である。

「あの人物は大器だ」というのは、人間の入れものが大きいことをいう。

しかし、こういうと、どうも間違いやすいのだが、この「器」を学問とか知識とかを多量に入れることのできるものと考えがちなのである。「大器晩成」という言葉の背景には中国の科挙制度から出た悪い意味がある。

苦節十年とかで、勉強を重ね、知識を頭の中いっぱいに詰め込んで、それで試験に合格する。それを「大器」といっているような趣がある。

これは間違い。人間の「器」というものは、知識をやたらと詰め込む「頭の大きさ」をいうのではない。それでは文字通りの「頭デッカチ」で、とうてい人の世の中で役に立つ人間とはいえない。

こういう話がある。

むかし、白山道場の南陰老師をひとりの学者が訪ねた。

南陰老師はその学者の話を黙ってきいていたが、そのうち「まあ、茶をいっぱい進ぜよう」といって、きゅうすから茶をついだ。ところが老師は茶碗にいっぱいになっても、まだついでいる。

「老師、お茶があふれています」と学者がいうと、南陰老師はおもむろにこういった。

「ほんに、そうだ。まるであんたと同じだな。哲学だの科学だのと、頭の中にいっぱい詰め込んでいるから、わしが何をいうてやっても、さっぱり入る余地はあるまい」

人間の「器」とは何であるのか、端的に示す話である。

「器が大きい」ということは、多くの知識が詰まっている状態を指すのではない。そういう雑然としたものを捨て去って、カラッポにすることである。だからといって勉強はしなくてもよいということではない。それでは脳ミソの中味がないということになる。

大器たるもの、こんな本を読む必要など毛頭ない。

「眠とうなった。寝てしもたれ」と、この本をほうり出す!

●〝己れ〟という意識をなくし「無心」を求めよ!

人間の脳細胞というものは不思議なもので、いったん組み込まれた知識とか記憶というものは、無意識の中にちゃんとしまい込まれている。

道元禅師が「己れを知るとは、己れを忘るなり」とか、「己れを忘るとは、己れを捨つるなり」といっている。文章だけを理解しようとすると難解になるが、「忘れる」も「捨てる」も、「己れ」をカラッポにするということなのだ。いくらカラッポにしても「己れ」がこの世から消滅するものではない。それでは記憶喪失者である。

「己れ」という意識をなくし、頭をカラッポにすることによって、人間の思考能力が無限に広がること。それを「無心」というのである。

こういう「無心」な状態、つまり先入観や固定観念から「ほどけた」人が、ほんとうの「大器」というわけだ。

われわれが坐禅や公案に取り組むのも、現代的な表現でいえば、固定観念を取り除くための修行に他ならない。

自由闊達な、融通無碍なはたらきを手に入れる。それが「悟り」なのだ。

固定観念というものが、なぜ生まれるかといえば、知識や経験の集積からだ。

知識や経験が悪いといっているのではない。

そういう知識や経験が、整理されることなく雑然と詰まっているのが、われわれの頭の中。この雑然としたガラクタどもが、物事を判断しようとするから「固定観念」になる。知識のガン細胞である。

そしてゴチャマゼになっているから、必要なものを取り出そうとしても、スムーズに出てこない。たとえ出てきても、役に立たない、余計なものばかり。

これを「迷い」という。知識の潰瘍状態だ。こういう「ガン」や「カイヨウ」を心の中から取り除く作業が「禅」である。

●頭をカラッポ状態にせよ！

「禅」は仏教の一宗派の名称ともなっているが、われわれの禅宗の立場では「仏教」という言葉は使わない。「仏道」あるのみだ。仏道とは釈尊が「悟り」を得るために歩いた道のりのことである。

「禅」とは何か。

いってみれば、一種の精神医学でもある。

釈尊が菩提樹の木の下で、悟りを開かれた、その精神状態とともに一直線に歩もうということなのだ。

ついひとむかし前までは、科学というものが発達していなかったため、こういう悟りの精神状態を、理論で説明することができなかった。だから「不立文字《ふりゅうもんじ》」ということになり、師から弟子に阿吽《あうん》の呼吸で相伝するという形になっていたが、現代ではこの「悟り」の精神状態というものが、科学的にもある程度証明されるようになってきた。

いま、大きな病院に行けば「CTスキャナー」という機械がある。

これにかかれば脳ミソが輪切りの状態で、テレビ画面に映し出される。

頭の中で考えている部分が、センサーによって追跡できる。人間は考える状態になると、脳組織の細胞がエネルギーを生む。そのエネルギーになるグリコーゲンに特殊な放射性物質を混ぜて注射しておくと、その分解のときに光を発する。その光を追跡すると、頭のどの部分を使っているか、正確にわかるのである。

この「CTスキャナー」で禅宗の坊さんが坐禅を組んで「悟り」に入った状態を、テレビ画面で映し出す実験も行われている（禅僧は迷信家ではないから、こういうことには実に協力的なのである）。

結果は、坐禅を組むと脳の働く場所が歴然と違ってくることがわかった。

どうすれば、こうなるかの理論は別として、修行を積んだ禅僧は、頭脳の緊張状態をほどいて、最適な精神状態に入れるということが、科学的に証明されたわけである。

私にいわせれば、この状態は頭のカラッポ状態であると断言できるのだ。

●何事にもとらわれない精神とは

「カラッポ」だの「無心」だのといっても、結局は理屈でなしに、体験的に知らなければならないのだが、人間の器というものはなるべくカラッポの状態にしておかなければならないということはおわかりだろうと思う。中身がないということではなく、中身を整理して脳細胞のコンピュータにインプットしてしまう。これが道元禅師のいう「己れを知るとは、己れを忘るなり」であり、「己れを忘るとは、己れを捨つるなり」の極意なのである。

人間の頭の「器」とは、このように実にドデカイのである。

「己れの器を大きくする」

これを換言すれば釈尊の悟りの道を歩むことなのだ。この何事にもとらわれない自由平等な動きが「差とり」であり、そこから大慈大悲のはたらきも生まれる。大衆を済度せんとする大乗仏教の心は実に平等である。これが仏教思想の根幹だ。

しかし、こと「器」という言葉そのものを考えてみると、宗教的な立場よりも政治や経済という、実業の世界で問題にされてきた傾向が強い。

良かれ悪しかれ仏教の場合は、出家という言葉が示すように、いったん、世間の活動から身を離して、自分の宗教的世界を追求することから修行をはじめるのであるから、人間の「器」という発想はあまりない。

修行の結果として「悟り」とは「器」を大きくすることであるという認識であるが、人間の器をデカくするために発心して頭を丸めるという考え方はない。そういう欲望があるのなら、誰も坊主などになろうとは思わない。一直線に総理大臣か大社長の道を歩むもの。

だから「器を大きくする」という発想は、もともと仏教や禅の考え方とはなじまないものであるが、おもしろいことには、俗世間的な考え方から到達した器という概念も、カラッポの器という点では、われわれの認識とは大差がない。

●「無心」であることが「器量」の大きさである

だいたい、人間の器というものが問題にされたのは、中国の君主の理想像は何かということからである。

いわゆる「帝王学」の観点から「器量」という問題がやかましくいわれはじめたわけだ。

この「帝王学」が一応完成された段階に到達したとされる書物が『貞観政要《じょうかんせいよう》』という本である。詳しい内容については専門書にまかせるとして、この本に書いてあることは、全巻「器」とは何かを綿密に考察している。

その一部にこういうのがある。

この書物は悪帝の見本のようにいわれている随の煬帝《ようだい》の政治を反面教師として、唐の太宗が善政を施したことを書いているのだが、煬帝は詩文の才能が抜群であったことは意外に知られていない。それに触れた部分である。

あるとき、太宗が煬帝の詩文集を読んでいて、その才能に驚いた。

そこで側近に「あの煬帝が、こういう美しい文章を書くとは知らなかった。文は人なりというではないか。なぜ、こういう美しい詩心を持った人が、ああいう悪帝になってしまったのだろうか」

ときいた。

その側近はこう答えた。

「人君たる者は、その人自身がどんなに賢くて、才能があっても、やはり己をむなしうして、人を受け入れなければなりません。そうしてこそ、知者はその謀をささげ、勇者はその力を尽くすものです。

ところが煬帝は、自分の才能を鼻にかけて、己れの我ばかりを通そうとしました。だから口では名君のようなことをいいながら、実際は暴政に走り、身を滅ぼすまで気がつかなかったのです」

つまり、水は低地に流れ、高き山には登らぬと同じことで、煬帝は才能に満ちあふれていたから自滅に至ったということを、この太宗の側近はしめしている。

私なども先年、師匠の金婚式を無事終えて鼻高々、調子づいていると、人が「良いものは高い所へ登るといいますが、おたくは立派な総代さんばっかりですね」

とおだててくれる。こうなるとこちらもついついその気になって調子づいてしまう。水の低地に流れることを忘れて、始末におえない浮ついた心がでてくる。

指導者たるものが、あまりにも才気に満ちあふれていると、部下の才能がそのリーダーの中に入っていかないのだ。

だからリーダーというものは、いつも頭の中をカラッポにして、虚心坦懐、己れをむなしうして事にあたらなければならない。

つまりは「無心」であることが、「器量」の大きさであると説いているのだ。

この帝王学の要諦は、おそらく儒教からきているのだろうが、仏教の考え方も変わりない。だがこういう専門的なことは、私の場合、いまはどうでもいいことだ。

要するに、実学といわれる儒教の考え方でも、形而上的といわれる禅の動きの上でも、人間の器というものを考えると、結論は同じ場所に行きつくということを知っていただければ、それで十分だ。

3 自分の「存在」だけを信じよ！

大器たるもの、萬歳《ばんぜい》、萬歳《ばんぜい》、萬々歳《ばんばんぜい》なるをプライドとしている。先祖を畏れ、親を敬い、自らを大切にして、妻子弟、同朋に愛情を惜しむことなく、子々孫々萬世確固たるを他の範とする。

これは自分の「存在」をいかように大切にするかを本分とした話である。

●あらゆるものに区別・差別は存在しない！

釈尊が誕生されたとき、「天上天下唯我独尊《てんじょうてんげゆいがどくそん》」といわれたと伝わっている。

もちろんこれは嘘だ。

いかに大天才といえど、生まれたばかりの赤ん坊がこんなことをいえるわけがない。

「それみろ、だから仏教はいやなんだ。お釈迦さんははじめから嘘ばっかりじゃないか」

そう目くじら立てて怒らないでいただきたい。だいたい宗教というものは、こういうオーバーな伝説的な偉人伝を作りあげるものなのだ。

キリストの復活の話だって同じようなものだ。キリストはいくつかの奇跡を行ったと新約聖書の中に明記されているが、その聖書の中で当のキリスト自身が、奇跡というものは衆を惑わす行為だから、こういうことを認めてはいけないと語っている。

だから「天上天下唯我独尊」というのも、釈迦の誕生のときの言葉というより、仏教のはじまるオープニングの吉兆の意味が強い。

ところでその意味だが、困ったことに言葉面の持つニュアンスというか、イメージから、「オレが世界中でいちばんエライんだ」と解釈されがちなのである。

これは違う。

少なくとも「お山の大将我一人」的なおごりたかぶったものではない。

天上天下というのは大宇宙のことだ。その中でたった一人の生を受けた「我」は尊いものである、ということを宣言しているのだ。この「我」は自分の生命を尊いと知ることであると同時に、大宇宙の下にあっては、あらゆるものが「我」であり、尊いということを知るということなのである。

ここにおいては自他の区別はなく、過去、未来の区別もなく、人間同士の差別もなく、人間と生物の差別もない。あまねくすべてのものが「唯我独尊」であることを示している言葉なのだ。

仏教では、あらゆるものに無駄なものはなく、無用のものはないという考え方に立っている。その意味で個々の存在が一番尊いのだということを、まず知っていただきたい。それが「独尊」の意味なのだ。

大器たるもの、この禅の考え方に立脚し、こうした純粋な平等主義の観点に立って、人間の可能性を追い求めることに主眼をおくべしだ！

●ただひとりだけの、ただ一回の人生

キリストの奇跡に触れたが、そのついでといってはなんだが、「碧巌録《へきがんろく》・第二十六則」の中に有名な〝独坐大雄峰《どくざだいゆうほう》〟の話がある。

百丈禅師《ひゃくじょう》に向かって、ある修行僧が質問した。

「如何なるか、これ奇特の事」

平たくいえば、奇特ということは不思議なことという意味で、奇跡という意味にもなる。

つまり、その修行者は「禅をやったら、何か不思議な霊験、ご利益はあるか」と質問し

たのである。

それに対して、百丈禅師いわく、

「独坐大雄峰」——（私はいま、ここに、ひとりで、こうして坐っている）

「大雄峰」というのは単なる地名であって、それ以外に意味はないのだが、この地名が間違って解釈されたために「お山の大将」的なイメージが生まれたようにも思うのだが……よくはわからない。

いずれにしろ、百丈禅師は「おれがここにこうして坐っている」ことが、奇跡であり、奇特であると答えているのだ。

私はひとりここにいる——これを発見することが奇特、つまり「有り難い」ことであるということである。

人をヘイ睨して「オレが一番エライんだ」と勝手なことをぬかしているのではない。もっと大きな自分の存在に気づくことの大切さを示している。

これが「天上天下唯我独尊」の正しい解釈である。

それを知ったならば、私も、そしてあなたも、この世で唯一の生命を受けて生まれた、たったひとりだけの尊い人間として、自分の生命と、その可能性を大切にして、この一回だけの人生を精いっぱいに生きなければならないことに気づくだろう。

●人間、死ぬまでは生きている！

いま、「精いっぱい生きなければならない」と書いたが、その意味するところは一瞬のいまを生ききるということである。

これを禅では「生死一如」という。生ききるということは、死にきるということと同じことだといっているのだ。

白隠禅師の師の師に、至道無難禅師という人がいる。この人の歌に、

「生きながら死人となりてなりはてて、
　　思うがままにするわざぞよし」

という道歌があるが、禅でいう「生きる」ということは「死ぬ」修行をすることでもある。

中国の故事にも「死ぬ人の言、これぞよし」という意味の言葉がある。人間、生きてい

る間はあれこれとゴタクを並べて、ああでもない、こうでもないとわめきたてるものだが、いざ死ぬまぎわになれば、どんな人間でも真実の言葉を吐くものだということである。

だが、いくら迷妄に生きる存在が人間なのだからといって、死ぬ直前にしか真実が悟れないというのでは、あんまり情けないではないか。

たしかに生きていくということはつらいことが多い。釈尊だって「生・老・病・死」を四苦として捉えているのだから、凡生の俗人ならば四苦八苦するのは当然である。

生きるということは、あの大天才のお釈迦さまさえ苦しいもんだといっているのだから、こんなあたりまえのことをクヨクヨ悩んでいてもはじまらない。それならいったん死んでしまったものとして考えてみたらどうか。

これが生死一如の観点である。

よく考えていただきたい。死ぬの生きるのとジタバタしてみたって、生きている間は生きているのが人間だ。

死ぬまでは生きている。老いて病いの中で死ぬか、生きるのがいやになって途中で自殺するか、いずれにしろ死ぬまでは生きているのである。

どうせ生きているのなら、楽しく工夫をしてよりおもしろく生きるのが人間というものだ。この生きている間の創意工夫と自己開発が、人間の価値を決めるものなのだ。死んでしまったら、頭の使いようも何もあったものではない。

こういうことを書くと、「そんな乱暴な、無茶苦茶やないか。アンタ、それでも宗教家なんか」というご批判が必ずや発せられる。

あえて私は誤解をおそれずにいおう。

「人間死んだらそれでおしまいです」

来世もクソも絶対ないと断言する。来世を救う神も仏もないとあえていおう。筆が走った勢いをかって、もう一つつけ加える。

「現世を救う神も仏も存在しない」

なんというバチあたりな坊主め、と人はいうかもしれぬ。

しかし地獄とか極楽とかと迷いごとをぬかす輩が、仏の道を自らの手で汚しているのだ。

人間をおいて神仏は存在しない。生きている人間が、生まれながらに持っている可能性を育て、その素晴らしさを知らぬ人がいれば、その暗さから、光の世界に救いあげてあげる、その手助けをするのが仏法の正しい姿である。

仏の道とはそれだけのものだ。

●人生とは単純明快と心得よ！

人間一人ひとり、道ばたの雑草から、田んぼのオケラ一匹まで、その生命自体が仏である。

地獄も極楽も、生きている人間の中にあるのであって、死んだあとにそんなものが存在するはずがない。

苦があるから楽があるのであって、苦ばかりの世界もないし、楽ばかりの世界もない。そういう苦と楽を相対としてとらえるのが間違いなのだ。人生、苦労があるからおもしろい。こんなことは少し人間を長くやったやつなら、誰に教わらなくてもわかっている。生きるの死ぬのということだっておんなじなのだ。

これを禅の言葉でいえば、「生死一如」であり、「苦楽一如」であり、「色心不二」であり、いろいろとややこしい言葉を使うのだが、その実体は言葉ほどに難解なものではなく、単純明快なのである。

それをひねくりまわして理屈をつけ、やたらと難しくしたのが、われわれ釈尊の弟子達なのだ。

仏弟子は自己反省せねばならぬ。

第2章

「俺が一番や！」という不動の心を持て！

1 いまを生きる「意気」を持て！

あなたは安易な〝神だのみ〟をしてはいないか。神仏とはあなた自身の生命《いのち》の存在なのだ。

宮本武蔵はこういった。「神仏を尊んで、神仏をたのまず」。冷厳な勝負の世界を生き抜いた達人の心境である。その人生の達人の精神とは何か？　もう一度、脳細胞を輪切りにして、ごらんにいれる。

●あらゆるものをぶち破る「意気」とは？

「禅というのは、いったいどういうものなんでしょうね」

こう質問されたら、私は間髪をおかずに次のように答えるつもりだ。

「それは意気です。自分自身をよく見つめ、精いっぱい現実に立ち向かっていく気概です。それを培うのが禅なのです」

禅は、現実から逃れて心の静寂を得るのでもなければ、現実を見下して超然とするための教えでもない。われわれ一人ひとりが、それぞれの人生、境涯のまっただ中で、毎日毎日、一瞬一瞬をしっかり噛みしめ、勇敢に、たくましく自己の人生に立ち向かっていく、強い強い人間をつくり出す道なのだ。

生命というものは、もともとよりよく、より強く、よりたくましく成長しようというエネルギーを持ってこの世に生まれている。それが生命というものの本質なのだ。

草木の一本一本から、小動物、猛獣にいたるまで、生命のエネルギーを燃焼させ尽くそうとする無言の意志を持っている。大宇宙の意志といってよい。

この大宇宙の意志を、神とか仏とか呼ぶわけで、寺院や神社の中だけに神仏が存在するのではない。

仏向上《ぶつこうじょう》という、万物の生命そのものが神仏なのである。

私たちは、この単純明快な真理に気づかなくてはならない。

こういうふうに書いていくと、「それじゃあ、世の中に争いごとがなくなるはずだが、一向になくならないのはどういうことだ」

という反論がでてくると思う。

一応、ごもっともな質問である。

私たち宗教家だけではなく、ほとんど全部の人類が平和を願っている。無用な争いごとで命を失わないことを祈念している。

だからこそ、新年の初詣に神社仏閣で家族の安全無事を祈るわけだ。

しかし、残念ながら神仏は人類全員の安全保障をしてくれるわけではない。われわれ宗教家にしてからがガンをわずらって死ぬし、交通安全のご利益を売り物にしている神社の神主さんにして交通事故で死ぬという、笑うに笑えないことが実際に起こるのである。

まことに、神も仏もないのである。

「それじゃ、なんのために寺や坊主がいるのだ」

こういうことになるであろう。

まことにその通り。

逆説的にいえば、神や仏がいないことを証明するために寺や僧侶がいるのである。さらにわかりやすくいえば、神仏などに頼らない強い私自身を鍛えるためにあるのだ。

禅とはそういうものである。

●意気が息づく生きた生命

宮本武蔵の言葉に「神仏を尊んで、神仏をたのまず」というのがあるが、これが人間として正しい姿勢だと思う。やたらめったら神だのみばかりしていても勝負に勝てるわけもないし、幸福が転がり込んでくるはずもないのだ。

では、なぜ「神仏を尊ぶ」のか。

それは宇宙の意志、永遠の生命をみることによって、己の姿を見つめるためである。自らの分を弁《わきま》え、自分に〝けじめ〟をつけるためだ。

われわれが、先祖供養の大切さをやかましくいうのも、連綿と子々孫々に伝えられてきた、永遠の生命を尊ぶことを訴えているからなのだ。親を大切にしない者が、自分の子から大切にされるわけはない。単純な法則ではないか。

寺が存在するのも同様な原理である。

もちろん檀家のみなさんの先祖代々の墓もあるわけだが、私たち僧侶にとっては、開祖以来の先輩たちが刻苦勉励して、修行をした場所である。寺には、そういう先師たちの意気が残っているのだ。そしてその意気を受けていまの私も生きている。

つまり「意気」は「息」であり、そして「生き」となって永遠の生命に連結していることになる。もし霊魂というものがあれば、先人たちの「意気」がわれわれに伝わっているのだと表現したほうが適切だろうと思う。

寺院とは霊魂がさまようような薄気味悪い場所ではなく、意気が息づく生きた生命が存在する場所なのだ。少なくとも当大仙院はそうである。

だから観光客ばかりでなく、人生に「行き詰まり」悩みに「息づまった」方がたも多くこられる。すべて、このお寺の「意気」と拙僧の「息」を感じていただき、「いきいき」とした姿を取り戻されるように願って、毎日を「生き」ているつもりである。

別に、むずかしい説教をするわけでもないし、ありがたい法話をするのでもない。どちらかというとバカ話ばっかりだ。

お経は仏さんにあげればいいので、生きてる仏さんにはありがた迷惑の場合が多い。それで私は客との間に親子漫才を展開するのである。与えるのではない。客と共に磨きあうのである。

●意気を込めて立ち向かう

私は「禅」というものを難解なものだと考えるな、と常々いっている。

重苦しく息づまるような人生に、勇気リンリン意気を込めて立ち向かう、その姿勢こそ禅そのものなのだ。坐禅ばかりが禅ではない。真剣に生きていれば行住坐臥のすべてが禅である。

ところで、なぜ人は人生に悩みがちなのだろうか。

「人間は弱いものだ」

これでは説明にならない。

以前、宗教関係の雑誌を読んでいたら、評論家の日下公人さんが「大脳生理学と密教私観」というタイトルで、禅について一稿を寄せられていた。

紺屋の白袴のたとえもあるように、われわれ専門家は案外自分のことはわからないものだ。たいへん参考になったので、一部を引用させていただくことにしたい。

●「いま」を生きる

――（中略）私はこの自意識を感じる脳の働きが、大きく三つあって、これらのスイッチの切り替えではないかと思う。

三つの自意識は、三つの脳の場所によって決められる。シンプルにいえば、①脳幹、②旧皮質、③新皮質である。さらに新皮質を右と左に分けたりもする。はやりの右脳開発の右左である。

頭の一階にある脳幹は昆虫なども持っており、生きていくのに必要な基礎的な動きを司る。いわば生命そのものともいえる。脳幹に関していえば、人間も昆虫も大差ない。

二階にある旧皮質は、犬猫とほとんど同じもので、強いていえば人間の旧皮質は退化しており、感性を司っている。

三階の新皮質は、犬猫などはちょっぴりしかなく、人間にのみタップリついている。これが人間たる由縁で、理性、知能、感情などを司る。

別ないい方をすると、脳幹（一階）は無条件反射回路、旧皮質（二階）は条件反射回路、新皮質（三階）にいたって論理分析をする。つまり因果関係を考えたり、判断力のある新皮質にいたって時間の観念も生まれる。

旧皮質では空間を知るのみ、脳幹にいたっては、ただ生き続けるのみで、学習機能はない。遺伝子に組み込まれた機能のみが、記憶のまま残っているだけである。

たとえば、昆虫の神経が一番反応する光線のオングストロームは、現在の太陽光線のそれよりも少し強い。それは、何千万年か、何億年か前、太陽の光がもっと強かったころに、昆虫の機能が完成したからである。

しじみやはまぐりの一日の周期が二十三時間半であることも、当時の地球の自転がそうであったことを示している。すでに配線回路ができあがって、遺伝子の中に組み込まれているのである。

人間は進化してできた動物である。遺伝子の中にきざみ込まれる記憶だけで生きていた生物から、感情の回路を持つ生物に進化する。感情の回路とは記憶に他ならない。

赤い所へ行くとエサにありつけるならば、赤イコール・エサという学習機能がついて、赤いものを見れば「嬉しい」という感情がうまれる。逆に青ければガッカリする。

人間には、こういう記憶がたっぷりついていて、生きているのである。

しかし、これもときどきだまされる。さらに赤でもAは良くBは悪いという理性の回路が働くからだ。理性の回路がうまく働いていればよいが、まだこの回路ができて数百万年の歴史しかない。粗製乱造、試作品の段階ともいってよい。したがって不良品もまざっているし、しかも本人は不良品などとは思っていない。

だから、たとえばヒトラーのようにドイツ民族は優秀だから、他の民族は死んでもいいというようなことを考えたり、信じたりすると、逆にやられてしまう。このようなことはゆるやかな時間をかけて淘汰されていくのだろう。

しかし、私たちはいまを生きている。日常生活の中で、誤った指令を自分に出すことも多い。たとえば、課長の顔色を気にして胃潰瘍になる。これは間違っている。課長の顔を気にするのはかまわないが、楽しく生きるための判断を誤っては泣くにも泣けない。

この例をもって、換言するならば、人間は新皮質、つまり第三回路が肥大しすぎて正常に働ききらないので、自ら不幸におちいっている。

それならば、第三回路をふさいで犬猫になったほうが幸せであることも多い。やたら猜

疑心を働かしても自分が不幸になるだけである――（後略）

つまり日下さんは、禅の修行とは脳の回路を切り替える訓練だと結論づけているのだ。「犬猫になる」というのは、われわれの立場としては、若干、問題のあるところだが、脳のスイッチ切り替えという点では、まさしくその通りであろうと思う。

2 何事にも動じぬ「不動の器」をつくる！

人間の〝心〟とは何か。禅では「直指人心《じきしにんしん》」という。まわりの風景にとらわれずに、一直線に自分の心をつかむことを指す。火事のときは、まず火を消すのが先決だ。原因の調査はそのあとだ。真正面から、まず現実に立ち向かう。それが「即心即仏」の教えである。

これを「不動心」という——。

●理性や知性が判断を誤らせる！

「女の直感」という言葉がある。

亭主が浮気をして帰ってくれば、たちどころに見破るという〝超能力〟を、女性は持っているというのだ。

浮気に限らずとも、会社での人間関係などにもその眼力は届くらしく、「あの上役は、あなたのことを、よく思ってないわよ」などと、驚くべき直感を働かすことがある。

これが意外にピッタリとあたるのである。

ご亭主のほうは、「あいつ、毎日会社で顔をつき合わせてるわけでもないのに、なんでわかるんだろう」と、ビックリすることになるわけだが、実はそれほど驚くにはあたらないのだ。

男のほうは、毎日つき合っているだけに、知性面や理性面で判断しなければならない情報が多い。その情報をいちいち分析して判断するのだから、疲労困憊。見えるものも見えなくなる。

それに対して、細君のほうはヘタに理性を働かす材料を持たないだけに、受ける印象だけで判断する。

つまり、直観力、これが大切なのだ。

日下氏の説によれば、頭の第三回路を切り替えて、第二回路にスイッチするということになるが、理性や知性などというものはえてして判断を誤らせることが多いわけで、そういう色めがねを取り除くことが、直観力をきたえるということなのだ。

現代人はあまりにも情報量が多くなり、この情報量が脳の処理能力の限度をはるかにこえてしまっているから、ストレスで胃袋に穴をあけることになっているのである。

情報が多くなればなるほど、それを理性や知性で簡単に合理化しない、直観力をきたえることがますます必要になってくる。

むかしから「ヘタな考え休むに似たり」というではないか。

●真正面から自分の心をつかめ！

むかし、中国に馬祖という禅師がいた。この馬祖という人は一風変わっていて、人が教えを乞いにいくと、「我が語をとるなかれ」という。

いろんなことを話すのだが、「オレのいうことをきいてはいかん」というのだ。なんとも矛盾した話である。

その馬祖禅師のところに、ある日、弟子の百丈がきて、一緒に散歩にでかけた。

すると、足もとから一羽の野鴨がバタバタッと飛び立った。

それを見た馬祖は、百丈にこう尋ねた。

「あれはなんだ？」

「野鴨でございます」

百丈はこう答えた。すると馬祖は百丈に重ねて、こう尋ねた。

「どこへ行った？」

「もう飛び去ってしまいました」

百丈がこう答えるや否や、馬祖は百丈の鼻をつかんで、ぎゅっとひねった。

「痛いっ！」

おもわず叫んだ百丈に、馬祖がこういった。

「なんだ、ここにいたではないか」

これは『碧巌録』第五十三則に出てくる話である。いったいどういうことをいおうとしているのだろう。

百丈は野鴨を正直に「野鴨」と答えた。

「どこへ行った？」と聞かれたから、「飛んで行きました」と、これまた正直に答えた。それなのに馬祖はいきなり鼻をねじあげたのである。これはどういうことなのだろうか。

つまり、「あれはなんだ？」と尋ねた馬祖は、野鴨の名を聞いたわけではないのだ。野鴨が「野鴨」であるなどということは、馬祖にとっては問題ではない。

では、何が問題だったのか。

野鴨を見ている自分自身である。馬祖が指さした対象物を見ている自分自身の心である。百丈はそのことに気づかなかった。だから馬祖は重ねて尋ねたのだ。すると、百丈はまたまた同じ答えを発した。

それで百丈の鼻をいきなりねじりあげた。

〈いったいぜんたい、そんなことをぬかしているおまえさんは、誰なんじゃ！〉

「痛いっ！」

と叫んだ瞬間、百丈は、ハッと気づいたに違いない。

禅でいう「直指人心《じきしにんしん》」とは、まさにこのことをいうのである。

自分の外のできごとだけに目を向けず、真っすぐに自分の心をつかむ。あれこれゴタクを並べたり、周囲の風景に振り回されたりするな。真正面から自分の心をつかめ。

それが「即心即仏」である。それを「直指人心」によって、人間であればだれでも一人ひとり必ず持っている仏性を、自分自身で直ちに体得せよと教えているのである。

禅は、どこまでも自分自身の生きざまというものを問題にする。つまり、心意気だ。ものごとの本質を直観的・総合的にとらえるのである。

●「シマッタ」と思った瞬間に何をすべきか

これと似た話で、もっとわかりやすいと思われるのが『無門関』のなかにある「非風非幡《ひふうひはん》」のエピソードだ。

ある日、たまたま旗が風に動いたのを見たふたりの僧が、議論を始めた。ひとりは、

「旗が動いた」

といい、もうひとりは、

「いや、風が動いたのだ」

といい張って、双方一歩も譲らない。議論はだんだん白熱してきて、ふたりは口角アワをとばし、いつ終わるともわからないやりとりが続いた。

そこに、慧能《えのう》禅師というお坊さんが通りかかって、そのふたりのやりとりを聞いていたが、

「なんだ。風が動いたのでもないし、旗が動いたのでもない。おまえさんがたの心が動いたんじゃないか」

そうつぶやくと、さっさと行ってしまった。

これを聞いたふたりの僧は、さっきまでの元気はどこへやら、シュンとなってしまった。

まさに「幽霊の正体みたり枯尾花」なのである。心が恐怖に取りつかれているから、なんでもない枯尾花を見ても幽霊に見えてしまうことになる。

だが、こういう現象は、われわれの日常ではしばしば起こる。

たとえば仕事でミスをする。

「シマッタ」「たいへんだ」と動揺する。

動揺するのはあたりまえのことだ。失敗を屁とも思わないような人間は単なるクズのデクの坊である。責任感のあるまともな人間なら、動揺するのがあたりまえなのだ。

問題は「シマッタ」と思った次の瞬間に、どういう手を打つかである。

●「風向き」「旗色」に迷わされるな！

失敗は失敗と冷静に認め、なぜ失敗したかの原因を早急に把握し、損害を最少限度に食いとめるためには、まず何をしなければならないかを見極めて、即、善後策を立てて実行に移す。これが大切なのである。

台風のときに雨漏りがしたら、まず洗面器でも何でもいい、雨漏りを受ける容器を持ってくることが大事なのだ。

禅のほうでは、あわててザルを持ってきた小坊主をホメる話がある。雨もりにザルでは使いものにならんじゃないか。普通はこう考えるだろう。

しかし、ここでいおうとしていることは、まず行動に移すことの大切さを示しているのだ。

雨漏りという現実を前にして、拱手傍観、屋根の寿命を考えていても何の役にも立たない。それよりは、まず応急措置にかかることが、どれほど大切か。

火事であっても同じこと。天プラ油に火が入ったら、毛布でもすぐにかぶせる。消火器があれば、即、それを使うこと。燃える炎に立ち向かわずに、一一九番にあわてふためいて悲鳴をあげていては、ときすでに遅いのだ。

ところが、この種の人間が実に多い。自分の手を拱きながら、消防車の到来が遅いからだと難くせをつける。

雨漏りで畳が台なしになれば、建物が古いから悪いんだと知らん顔をする。

仕事の失敗でも同じこと。応急措置をする前に、誰かに責任を押しつけることを考えてしまう。上役の顔色をおそれ、自分の出世に思いをいたしてしまう。

まさに上司の「風向き」と、己れの「旗色」を見ることに夢中になってしまい、いま現在、何をしなければならないのかという肝腎のことを忘れてしまうわけである。

●苦痛の中を通りぬけていく

先日、今岡信一郎さんという方のお書きになった本を読んでいたら、九五歳で病気になられたときを回想されて、こんなことをいわれていた。

「無理に苦痛をさけようとしたり、苦痛を苦痛でないと思ったりしないで、苦痛を苦痛と受けとめて、苦痛の中を通りぬけていく。そういう工夫をしてみたんです。

死ぬかもしれんと思ったときも、死後のことは心配しませんでした。死は眠りだ。永久の眠りだと考えた。一生の疲れで休息するのだと考えたんです。霊魂が不滅かどうかわかりませんが、生きている間が大事なんですね。いま生きている瞬間が大事で、それを十分生かすときに、そこに永遠の生命が宿る。充実した生命の一時間一時間、一日一日が大切なんです」

ほんとうに、その通りだと思う。

3 どたん場でもたじろがない「平常心」を養う！

人間は、悩み、苦しみ、恐れ、悲しみ、そして怒る。そういうふうにできてしまっている動物なのだ。だからこそ、みな誰もが動揺する。この不安な心をどのように制御するか。

その秘訣を知った者が「大安心」の境地に達する。

奈良の大仏が示すものは何か、それは「平常心」なのだ。

●人間も穴がなければ生きていけない

なぜ植木鉢に穴があるのか。

わかりきった話である。穴がなければ水がたまって根腐れを起こしてしまうからだ。鉢植えの植物は、この〝穴〟がなければ生きていけないのである。

これが〝器〟というものを考えるための、重要なポイントである。

この植木鉢こそ、人間の器というものなのだ。穴があることによって、いつも水がたまることがない。水だけではなく空気の流通も行われる。たった一つの穴があることによって、器の中の生命は外の大自然と一体になって息づくことができるわけなのだ。

人間の頭だって、まったく同じである。

穴のない完璧に塗り固めた脳味噌などは、たちまち、呼吸困難になって腐りはじめるのがオチなのだ。

人間の器と骨とう品を一緒にしてはいけない。たとえどんな偉人の頭骸骨であろうと、それを飾って宝物にする酔狂な人間はいないだろう。

人と頭は生きているときがすべてなのだ。なぜ生きているかといえば、穴だらけで風通しがよいからなのだ。石頭がなぜ嫌われるかといえば、外の風が入らずに、腐りはじめているからだ。外の風とは人の意見なり、人の喜びなり、人の悲しみなり己れ以外の人間の生きている姿そのものである。

こういう諸々の人の生きている喜びや、苦しみの姿を、自分のものとして受け入れることのできる人間が、器がデカイと俗にいうわけである。

現代の日本人は、過酷な競争社会の中で、あまりにも石頭《ハードトップ》になり過ぎている。生きていくには人のことなどかまっていられないというのが本音だろう。

それはそれで仕方がない。自分の頭の上の蠅も追えないで、人のことを心配してもはじまらない。

だが、あまり自分のことばかり考えていたのでは、脳味噌が酸欠状態になる。酸欠状態になった人間は一目でわかる。呼吸がてき面に乱れるのだ。

●ピンチのときこそ風通しが大切

マウンドの上に立っているピッチャーの肩を注意深く見れば、すぐにその投手の心理状態がわかる。ピンチになると肩で呼吸するようになる。肩で球を投げてしまう。リズムが乱れて無用な力が入る。大暴投、または大ホームラン。

打たれるのではないかという恐怖感が、脳の酸素消費量を急激に増やすのだ。スキューバ・ダイビングで酸素ボンベを背負って水中遊泳をするときに、サメなどに出あうと、恐怖のあまり酸素使用量が猛烈に増える。それは、ひっきりなしに気泡を吐き出していることで一目瞭然である。

この恐怖感が、ただでさえ酸素需要の大きい脳中の血管を収縮させてしまう。必然的に心臓は大汗かいてポンプをガチャつかせるから、血圧はたちどころにウナギ昇りになる。

不健康なことこの上ない。

こういうピンチのときは、大きく腹式呼吸で息を吐き、そして深く吸うことをしばらくやれば、たちまち血圧の二十ミリ程度はさがる。

坐禅のときに、これを「数息観《すうそくかん》」といって、平常底にしている。正しい呼吸法が精神と肉体の健全さを維持するために欠かすことができないからだ。

鼻の穴とは、いってみれば人間の体を植木鉢とすれば、その水はけのための穴のようなものともいえる。そこから新鮮な空気をとり入れ、余分なものを吐き出す。

口の穴と尻の穴しかり。小便用の穴もまた同様。これ全身穴があるからこそ、人間は生きていけるのだ。

●あなた自身が大仏なのだ！

東大寺の大仏さんの手の形を見てみよう。右の掌を軽く上にあげ、左の掌をゆったりと下に伸ばしておられる。この印の形を「与願施無畏《よがんせむい》」の相という。

つまり右手の「チョット待て」というような形が「施無畏」であって、「待て待て、君たちはなにもこわがることはないのだよ」という大悲の心を現し、左手のさし伸べた掌は「君たちの願いはすべてかなえられるのだ」という大慈の心を現している。

私は僧侶であるから職務上、仏像を拝むが、別に偶像崇拝主義者ではないつもりである。少なくとも木仏や金仏を神仏そのものと考えて祈るということはない。

その私が大仏さんの掌の印相の話をするのは矛盾していると思われるかもしれないが、決してそうではない。

仏像とは人間の心の真理を示したシンボルであるのだ。私はその人間の真心というものに毎日手を合わせて祈っている。

大仏さんの「与願施無畏」の印相が示すものは何かといえば、大仏さんがすべての願いをかなえてくれ、心の恐怖感を取り除いてくれるということではない。

大仏さんは、人の心のシンボルなのだ。あなた自身が大仏さんなのだ。ということは、あなた自身の心の中に、それ自体として「与願施無畏」の機能がインプットされているということになる。

人間は、悩み、苦しみ、恐れ、悲しみ、そして怒る。そういうふうにできてしまっている動物なのだ。

だから大仏さんは、自分の手の形で自分に向かって「恐れなさんな」「だいじょうぶだよ」と表現してるのだ。あの巨大さは人間の苦悩の巨大さを現したものなのだ。こういうことをいう私は坊主としては、いささか常識はずれかもしれないが、へんに仏像を鑑賞するよりも、そこへこめられた人間の祈りの姿を見つめることが大事だと思うからだ。

続日本紀には、聖武天皇が「天下の富をたもつ者は朕《ちん》なり。天下の勢をたもつ者も朕なり」と勅して、大仏の鋳造をされたと書いてある。表向きはそうかもしれないが、私の考えは少し違う。

「天下の富」と「天下の勢」をも支配した権力者でさえも、逃れることのできなかった巨大な苦悩の姿をそこに見るのである。

話が横道にそれたが、私が何をいいたいかといえば、人間というものは金があろうとなかろうと、地位があろうがあるまいが、悩みというのはつきもので、てっとり早い救済の方法などはどこをさがしてもない、ということなのだ。

禅のほうでは「平常心」とか「不動心」とかというが、物事に動じない心というものがいかにむずかしいかという逆説的な証明でもある。

私たちは、そういう不安な乗り物にのっかって生きていくようにできているのだから、足元をしっかりと見つめて、一歩一歩精いっぱいに歩いていく。それが大切なのだ。

●失敗をどうとらえるか

「不安な心」という正体不明なバケ物にとりつかれると、人間どうしても身動きができなくなる。

合理的な精神はけっこうなのだが、ヨーロッパでもニーチェあたりが神の死亡宣言をやってしまったら、生の不安が蔓延してしまった。

何のために生きているのかと考え始めたらもうどうしようもない。花は何のために花として生まれたのか、と花に向かって質問しているようなものだ。

私はむかし、「花は何のために花として生まれたか」よりも、「花はいかにして花らしく生きるか」に専念すべきだと、自分にいい聞かせたことがあった。

だが、最近は、「花は花そのものであって、それ以外の何物でもない」ことに気がついた。

だから私は「立派な坊主らしい坊主になってみせる」などという考え方はカラッキシ持っていない。

赤く咲いても花は花。

白く咲いても花は花。

どう咲きゃいいかと悩んでいる暇はない。

とにかく目の前にきたタマを打たなきゃ駄目なのだ。見送り三振が一番悪い。長島茂雄が偉大だったのは、デビュー戦で金田投手の速球を全部カラ振りして四打席四三振だったからだ。あたらなくても全部手を出した。そのチャレンジ精神が偉大なのだ。

失敗とか成功とかは、やってみなけりゃわからない。とりあえずやってみる。その結果が失敗でもクヨクヨすることは少しもない。

こういう話がある。

豊臣秀吉が九州を平定して、黒田孝高、のちの如水を豊前十八万石に封じたころのことである。

九州は一応平定されたが、各地に土豪が蟠踞していて手に負えない。そこで黒田如水の息子の長政が「オレが行けばイチコロ」と高言して、鼻息荒く出撃した。

ところが土豪の城を七回攻めて七連敗。千人の兵がわずか二十名を残すのみという、大敗退をくらった。

長政は高言を放った手前、親父に合わせる顔がないと髪を切って、古寺にこもってしまった。生き残った部下もみんなそれに倣った。

これを見た後藤又兵衛が、大笑いしてこういった。

「一勝一敗は兵家のならい、なんの不思議がおわそう。きょう負けたら、あす勝てばよろしかろう。敗北を、おのがよきいましめとして、次の戦にいかにして勝とうかと分別するのが肝要というもの。負けるたびに頭を剃っていたのでは、死ぬまで毛が長くなり申すまい」

坊主の私としては引用が悪かったが、後藤又兵衛のいうことは正解である。

失敗のあとには成功があるし、成功のあとには失敗がある。これは吸う息と吐く息が交互になっていると同じなのだ。吸いっ放しにしてごらんなさい、どうなるか。

それをちょっと失敗するとドカンと落ち込み、ちょっと成功すると途端に調子づいて天狗になる。これではアカンのだ。

なぜこうなるのかというと、結局、他人の評価を気にするからなのだ。

論語の中で孔子は「ほめられる者になろうとしている青年ほど鼻もちならぬものはない」といっている。

そしてまた「知るだけの者は好きな者には及ばない」とも書いているし、「好きな者もそれを楽しんでいる者には及ばない」と教えている。

第3章

自分に負けないことだけを考えろ

1 己に勝つ強い信念をつくる!

仏教とは何か。禅とは何か——巷間では心の平安とか静寂だとかいわれているが、そういうあいまいなものではない。そんなものは墓場の平和だ。死者の安心だ。

生きているあなたは人生の戦場のまっただ中にある。その真剣勝負に勝ち抜いて生きなければならない。その極意は、ここにある——。

●がんばることは生きている証明

孔子の言葉といえば、「朝《あした》に教えをきけば、夕《ゆうべ》に死すとも可なり」というものがあるが、私はこれではなまぬるいと思う。

夕方まで生きていられるとは限らない。家を出ればいつ交通事故にあうかわからないし、家にいたっていつ大地震がくるかわからない。人間いつ死ぬかわからないのである。

だからいまのこの一瞬を死ぬ気でがんばるわけなのだ。

「いつ死ぬかわからないんなら、そうムキになってがんばっても仕方ないじゃないか」

そういう馬鹿者がいる。

こういう人間はすでに死んだも同然なのだから、食糧資源問題の解決のためにも、すみやかに死んでいただきたい。

がんばるということだけが、生きていることの証明なのだ。

仏教だとか禅だとかいうと、なにか心の平安とか静寂とかと解釈されるが、そういう墓場の平和みたいなものとは違う。

生命が本来的にかね備えている生命のエネルギーを完全燃焼させるための、酸素供給がその任務なのである。

雨や風で消えそうになる闘争心をかきたてる手段なのだ。

闘争心というと、なにか他人に勝つことのように考えるかもしれないが、そういうものではない。

いったい、あなたは誰に勝つのか。学校の成績のライバルか。それとも出世競争の相手か。サッカーやラグビーの試合相手か。

そういうものは、すべて結果論を想定した目標であって、馬車馬の前のにんじんと同じなのだ。にんじんがないと馬は動かないと思うのは、あさはかな人間が考え出したことで、ほんとうは馬だって愛情があれば動くものだ。馬は歩くことが嬉しいものなのだ。

勝つとか負けるとかはどうでもいいのだ。大事なのは、自分に負けないことなのである。

●誰に勝つ、などつまらぬこと

己れの最大の敵は己れ自身のハートにある。

あなたは自分に負けないことだけを考えていればよい。そうやって、一瞬一瞬を精いっぱい生きききっている姿が尊いのである。

その姿勢が、結果として地位とか名声につながることもある。こういうふうに考えなければ駄目なのだ。

それをすべて結果優先に考えてしまうから、無理をしないか、無理をしすぎるかの二者択一問題になってしまう。大学受験に失敗すると首をつってしまう。少し出世が遅れるとヤル気をなくしてしまう。

そんなこと、たいしたことではないじゃないか。

むかしの道歌にこういうのがある。

「ぐるりっと家を取りまく貧乏神。七福神は外に出られず」

こういう精神で、やるべきことをキチッとやっておれば、あとのことはどうでもいいのである。糞をするときは糞をすることに全力を集中し、飯を食うときは飯を食う。そして眠るときは眠る。この三拍子が順調にいけば、結果的に仕事もうまくいく。肉体のエネルギーが気力になるからだ。

そして仕事がうまくいけば、快食快眠快便につながる。ついでに金も入る。

こういう良い循環システムをつくることが大切なのだ。これには努力がいる。瞬間をがんばるのは、これを獲得するためなのだ。そうしないと、たちまち悪循環のほうになってしまう。そういう具合になっているのだ。

そう気づけば、誰に勝つなどとつまらぬことを考える暇はないはずだ。

自分に負けないことだけがすべてなのである。自分に対して勝ちぐせをつける。修行というのはそういう己れとの闘いのことなのだ。

●他人がどういおうと屁のカッパ！

自分に対して勝ちぐせをつけることが、自信なのである。

他人から与えられた評価が自信につながると思いがちだが、それは錯覚なのだ。人というのは調子がいいときはほめるものだし、落ち目になると、とたんにけなす。

そういう他人の評価のいい加減さに裏打ちされた自信は、なんとももろいものなのだ。

人間誰しもほめられれば嬉しいし、けなされれば悲しい。それは仕方がない。嬉しければ喜べばいいし、悲しければ泣く。そういう正直な自分でいい。

しかし他人の評価で、自分に対する信頼感を失うような愚かなことをやってはいけない。自信というものを錯覚するから間違うのだ。

自信というものは、自身の生き方についての信念を見失わないということであり、一瞬を生ききることによって培った強い精神力なのだ。この強い心をもって一所懸命であれば己れが歩いていく道が信じられる。これがほんとうの自信である。

そういう信念をもって生きていれば、他人がどういおうと屁のカッパなのだ。

「人事を尽くして天命を待つ」という。これは、するだけのことをしたから、その結果は運にまかせるしかないのだと解釈されている。だがこれは間違いである。

人事を尽くす――そのときその場で精いっぱいにがんばる。

天命を待つ――天から授かった寿命を待つ。

つまり、人事を尽くして天命を待つとは、そのときその場で精いっぱいがんばって、そうやっているうちに自分の寿命がつきるということ。これが人生、そのものズバリだということなのだ。

だいたい結果を気にしすぎるから「運」などということにこだわってしまうのだ。結果が良ければ運が良い。悪ければ運が悪い。それだけのことなのだ。結果はあくまで結果なのだ。だから運が先に見えるということはない。やってみなけりゃわからない。だからやらない者に運がつくはずがないのだ。それが命を運ぶ、つまり運命ということなのだ。

先年、私の知人の奥さんが、不治の病に倒れた。その看病に明け暮れる知人は、私にこう嘆いた。

「和尚さん、私は、まるで妻が日一日と悪くなるのを見るために、看病しているみたいなものです」

この人は、妻の病気がよくなるよう、財産も時間も労力もなげうっていた。人事を尽くしていた。

彼はそうしながら、妻の命の尽きるのを待たなければならぬことを嘆いたわけである。

私は彼にこういった。

「奥さんの天命を待つのではないのです。あなた自身が、奥さんの看病に命を燃やして、自分が灰になるまでがんばる。それが天命を待つことです。あなた自身の天命を待つことしかないのです」

悲しいことだが、地獄も極楽もあの世のことではない。われわれの人生、私自身の人生の中にある。その現実を前にして、逃げないで闘っていく他に人間の生きる道はない。

「南無釈迦じゃ、娑婆じゃ地獄じゃ極楽じゃどうじゃこうじゃと、言うが愚かじゃ」

一休禅師の道歌である。

2 「大欲」を持って全身でぶつかれ！

いまの日本人は自由と平等の意味をはき違えている。自由とは勝手気ままなことと心得、平等とは他人《ひと》より〝もらい〟が少なくないことと考えておる。こういうのをほんとうの馬鹿者という。すべて他人との比較によってしか、自分がとらえられないからだ。そういう人間に、あなたはなっていないか。

●生き方には悲願がなくてはならない

いまの日本は民主主義の社会だといわれている。

民主主義とは〝自由〟〝平等〟〝国民主権〟のことだそうだが、どうもこの言葉に誤解があるようだ。

たとえば〝平等〟だ。平等とは誰もかれもが同じことをしなくてはならないということではない。

人間は生まれながらにして不平等に生まれつく。背の高いものもいれば、低いのもいる。太っているのもいればやせているのもいる。

算数の得意な子もいれば、国語の好きな子もいる。絵のうまい子もいれば、文章のうまい子もいる。スポーツが得意な子もいれば、運動神経ゼロの子もいる。

このように、てんでんばらばらに生まれついた人間を、無理やり〝平等〟という枠のなかに押し込めようとするから、へんになってしまうのだ。

点数を比較し、富を比較し、おまえは少ないから〝落ちこぼれ〟とらく印を押し、おまえのとこは貧乏とレッテルを貼る。

こういう比較はやりあえばきりがないのだ。

私の母親は昭和四十五年に亡くなったが、息を引きとったとき、集まった人たちがいっせいに頭をさげて、

「ありがとうございました」

といったことがいまでも忘れられない。

なぜ、「さようなら」や「おかあさん死なないで」ではなく、「ありがとうございました」だったのか。しかもこの言葉が、あの場所でいちばんふさわしかったのはなぜなのか。

私の父親は、事業や政治に明けくれて、ほとんど家には帰ってこず、それに加えて愛人

に生ませた子供まで含めると、合計十三人もの子供を母にあずけていた。

母はグチひとつこぼさずに、この十三人の子供たちを全部育てあげた。それもなにひとつ分けへだてすることなく、まったく〝平等〟に。

では十三人の子供が全員〝平等〟に育ったかというと、そんなことはない。

母はひとりも手元に置かず、十三人全部を独立させてしまったから、この十三人は、金持ちもいれば貧乏人もいる、といったように、〝不平等〟に暮らしている。

母が心をくばったのは、「不公平にならないように」ということだったのだ。十三人の子供たちが、心をくくられずに、自分を全部だして生きていける公平さ。これを大切に育ててくれたのだと思う。

平等にこだわりすぎると、平等という言葉で心をがんじがらめにしてしまう。

これではせっかく持って生まれた、一人ひとりの個性的で不平等な才能が活かされなくなってしまう。

この心を母から教えられたものとして、私は大切にしている。「ありがとうございました」というのは自然にでてくる言葉だったのだ。

人間はもとより、食うことをしないでは生きられないが、食い方や生き方に悲願がなくてはならない。

悲願とは、人間らしく愛情をもって、おたがいにいたわりあって生きようと願う心だと思う。

●大死一番、死力を尽くす

人間は安易な比較の世界で生きているから悩むのだ。金持ちだ貧乏だ。馬鹿だ利口だ。こういう相対二元的な価値観でふり回されているから駄目なのである。

同僚のボーナスが多かったからといって憤慨し、そのくせ自分が毎日の仕事に己れを燃焼させたかどうかをかえりみない。

そういう相対の価値観にふり回されていては己れを見失ってしまう。

他人が百万円もらったら、こちらは百二十万欲しくなる。まるでブン取り合戦。そういうことに執念を燃やし、欲求不満で身を焦がしてしまう。

そんなことで身を焼くのなら、自分の上昇性を信じて、いまこの一瞬を精いっぱいにやるほうが数段効率的だ。

二十のことができれば、次は三十を狙う。そして徐々にスピードを加えて百二十を目指すことだ。百二十できる人間が「おれは百の実績をあげた」と主張できるのだ。

他人との比較論で欲をだすからおかしくなる。自分自身の可能性に賭けて、大死一番、死力を尽くして奮闘する。これが大欲である。

仏教では無欲になれ、と教えているといわれるが、これは間違いである。

人間は欲のかたまりだから生きていけるのであって、欲をなくせば死んでしまう。意欲をなくせば死んだも同然だし、食欲をなくせば衰弱死する。目が物を見るのも欲だし、耳が音をきくのも欲だ。

要は、意識ばかりで出世欲をむきだしにしたり、食うものも食わずに金をためようとすることのつまらなさを知ればよいのだ。

人間の社会というのは協力で成り立っている。他人を蹴落としてまでも出世しようという人間に協力する馬鹿はいない。自分を犠牲にしてまでつき合うほど、人間というものは抜けていないのだ。

現実の世の中を見ても、結局、出世欲というものには恬淡としている人間が高い地位に上っている。

へんに欲望を意識せずに、明日のためではなく現在の仕事に夢中になって取り組んでいるからだ。

いま目の前にある難関をなんとか乗り越えようと必死である。その一所懸命な姿に人の心は感動して協力するのだ。だからその人物は、人望を得て出世する。決まりきった理屈ではないか。

●大欲とは目前の小さな欲望に惑わされないもの

生まれたばかりの赤ん坊を育てる母親の姿を想像してごらんなさい。無心に乳を吸っている赤子の姿を、欲の目で見る母親はいない。

無事に育ってほしいという純粋な願いがあるだけだ。将来スターになって金をもうけさせようと考えながら、乳を与える母親はいないはずだ。

ところが子が成長するにつれて、次第に子供を見る目が違ってくる。

「隣の子より成績がよくなってほしい」

から、はじまって、

「いい大学に入れて、一流会社に就職させて、いいとこの嫁さんをもらいたい」

となって、すべて親の欲目で子供をとらえるようになってしまう。子供が主役ではなく親の見栄からくる人形になってしまうのだ。親が子供の幸福を願うのは当然なのだが、自分の固定された価値観で縛りつけるのは、子供にとって最大の不幸である。

そういう親の勝手な欲望を子供に押しつけるから、家庭内暴力などの様々な事件も起きてしまうのだ。

人間は無欲になれといってもできないのだから、さまざまな欲があることをしっかりととらえ、自分がどんな欲を持っているかを正確に知っておくことが大切なのだ。

欲望の程度を知ることは、欲におぼれないための自衛策である。欲というのはまったく際限がない。

欲望を管理することが、己れを知ることなのだ。欲に目がくらんだ人間は、必ず結果として損を招く。

「大欲は無欲に似たり」

の悪い面が典型的に現れてしまうのだ。

ほんとうの意味の「大欲」とは、あまりにも器が大きいために、目の前の小さな欲望には惑わされない、ということだ。それがまわりには無欲に見えるものなのである。

大器たるもの、これを見忘れてはなるまい。

3 運命の勝負はあなた自身が握っている

精神力とは何か——それは集中心である。集中心とは何事にもとらわれずに、己れの心を一途に求めることだ。環境に惑わされずに、自分の心を動かすことだ。動かすことは運ぶことだ。これを運命という。

この運命の勝負は天にあるのではない。あなた自身が握っているのだ。それは精神力の他にない！

●何事もとにかく着手せよ！

勉強や仕事がたまってしまうと、誰だっていらいらする。やらねばならぬとネジリ鉢巻をする。だが机の前に向かって腕組みをしている時間のほうが長い。

何から手をつけたらいいかわからないので、なおさらいらいらする。こんな経験は誰だってあるのだ。

こういうとき、私はどうするかといえば、手近なところ、できるところからすすめていくことにしている。

こうして書いている文章にしても、はじめからうまく書いてやろう、名文をものしてやろうと意気込んでしまうと、とんでもないマスターベーションのようなものができあがってしまう。

書く前から力んでいては動くものも動かないのだ。

自動車をスタートさせるときにエンジンフル回転、トップギアで発進したら、一発でエンストを起こす。

同じようなものだ。まずゆっくりとスタートして、だんだんスピード・アップする。アクセルを踏み込んで、お茶でも飲みながらギア・チェンジをしていけば、自然にスピードがあがる。

その要領で勉強や仕事に取り組んでほしい。

学校へ行く前でも、友だちが誘いにくる前のわずかな時間でもよい。たとえ一行でもよいから、先にすすめておくと、勉強がスムーズにいくものだ。

仕事や勉強というものは「片づいた」から安心するのではない。「片づく方向に進んでいる」から安心するのだ。

だから仕事がうっとうしくなったら、仕事のカサを減らすことだけでもやったらよい。「ねばならぬ」でいらいらしているよりも、よほど健康によい。このカサを減らす仕事が一番肝腎の仕事であるのだ。

●「死んだとて、損得もなし馬鹿野郎」

一冊の本を書くのでも、いちおう書いてみて、あちこち消したり、書き足して、はじめて完成する。プロの作家ならいざしらず、私などは完璧な構想などということを考えていたら、死ぬまで絶対に完成しないだろう。

何か事にあたると、「とってもあきまへんわ」と尻ごみしてしまう人がいる。この人は自分のペースでやっていけばいいのに、修練を積んだプロの仕事を見て、神わざと思い込んでいるのだ。

プロの仕事や作品には「血へド何杯プラス脂汗何リットルを原料とした」とは表記していない。そういうものを昇華したのが芸術なのだ。あなたは、そういう完成したものを見せつけられている。

完成したものの表面だけを見れば、神わざにも見えよう。しかし、その裏側の苦闘の姿を想像すれば、それは決して神がつくったものでないことがわかるはずだ。

人間がやったことなら自分だってできないことはない。こう思って少しずつはじめていってみればよい。自動車をスタートさせる要領で。

それもしないで「おれの車は中古だから」とか「やつのはベンツだから」と性能を比較するのはやめるがよい。そのベンツに乗っている人だって、国産中古からはじめて、だんだん乗りかえていったに違いない。

失敗して傷つくことを恐れていては一歩も前進できない。失敗してもたたかれても、満身傷だらけでも全力をあげてぶつかっていく。その勇気があればいいのだ。

「死んだとて、損得もなし馬鹿野郎」

明治維新の政治家であり、剣客でもあった山岡鉄舟の言葉である。

泥をつけずに生きようと思っても、それはアカンのだ。

●精神力の強さとは？

人間というものは勝手なもので、いまやろうとしていることが、うまく進まないとまわりのせいにする。

隣の家のピアノの音がうるさい。オーディオの音がやかましい。子供の泣き声や遊ぶ声が耳についてイライラカリカリ、はては殺人事件まで起こしてしまう。

うるさい場所よりは静かな環境で、精神を集中したいという気持ち、それはわかる。あまりに騒音の度が過ぎるのは相手も悪いが、都会で身を寄せ合って生きている以上、多少の生活騒音はさけがたいものなのだ。

いらいらするときには、精神を集中させようという意識ばかりが先に立って、神経が異常に敏感になってしまっているのだ。

子供の声や、ピアノの音に気を取られ、そっちに引きずられている自分に腹を立てているのである。

精神集中のできない自分にいらだっているだけなのだから、ほんのささいな音にも神経をピリつかせてしまう。虫の声にもムカッ腹を立てることになるのだ。

精神の集中というものは、周囲に気を取られて、立ちどまっている状態では絶対にできない。まず動いて、少しずつ加速度を加えていくことによってのみ、それができるのだ。

走ってさえしまえば、周囲の風景はどんどん後に流れ、高速道路の視界が前へ前へと集中して狭くなるのと同様、われわれの精神も集中する。

私の知り合いの作家などは、〆切のぎりぎりまで仲間とマージャンをやっていて、いよいよドタン場に追い込まれると、チー、ポン、ガラガラやっているその横で、目の玉三角にして何十枚かの原稿を書きあげてしまうという。

おもしろいことに、その作家が長篇小説の注文を受けた。「ここは一番腰を据えて」と一念発起。人里離れた山あいの温泉宿にこもって仕事にかかった。

ところが静かな環境で精神集中ができるはずだったのが、静かすぎて腰が落ちつかない。シーンという「静寂の音」に気を取られ、あえなく二日間で退散したそうだ。

環境と精神集中の関係というのは、だいたいこういうものである。

あなたも勉強の最中に、隣の部屋でセンベイをかじっている音が気になったら、「静かに食べてくれ」というのではなく、「おれにも一枚くれ」といって、バリバリ食べながら勉強をするに限るのだ。

●「リキみ」は自分をダメにする

睡眠もこれと同じだと思う。眠るということは精神集中ではなく、解放であるが、神経が過敏になってはうまくできないという点では、表と裏の関係にある。

眠ろうと思えば思うほど眠れなくなる。

不眠症というのはこの「眠らねば」という意識が先行してしまうことによって起こる。仕事ノイローゼが「やらねば」という意識ばかりが先立って、自縄自縛になることと少しもかわらない。

たとえば蒸し暑い夜になかなか寝つけない。暑いからというので団扇でパタパタ自分の体をあおぐ。

そのうち隣の布団で、嫁さんのほうがグウグウ寝息をかきはじめる。

「こっちはあした朝早くから仕事があるのに」と腹が立ってくる。団扇のパタパタがバタバタになる。

これでは眠れるはずがない。

こういうときは、腹を立てるのをグッとこらえて、嫁さんが寝つきがいいのは、よくがんばって疲れてるんだろう、と考えて、嫁さんのほうをあおいでやる。

自分をあおいでいた団扇の風の方向を変えてみるのだ。そうしているうちに、手の動きがほかに向いているから、自分の頭がだんだん空っぽになる。

そうすればコロッと眠れる。

軽度の不眠症ならそれでいいが、これが重症のウツ段階にまでいってしまうと、他人が「何だ、だらしない。もっとガンバレ」とでもいおうものなら自殺しかねないから問題はむずかしい。「がんばらなくては」という意識が異常増殖を起こして、自分自身をガンジがらめにしているのだから。

こういう場合は、まず走っていたスピードを落とさなければならない。高速で走っていた自動車が曲がり角にさしかかっている状態なのだ。それを本人はいままで通りのスピードで切り抜けようとしているから、曲がりきれずに大ケガをしてしまうのだ。

人生の曲がり角というのはなかなか見えにくい。

もしそういう病気になってしまったなら、病気がその曲がり角を教えてくれているんだと思うことが大切だ。

大器たるもの、「ケガをしたって、まだ走り出せるうちに」の境涯を備えるべきだ。

●何も考えず一直線に踏み込め

十重二十重に立ちはだかる障害にぶつかったとき、人間は八つも九つもの頭ができてしまう。

その頭を捨て、胴体だけになって、軽い気持ちで難問の中に身を沈めていく。

すると、曇った空がとつぜん裂け、たちまち日光が頭上にふりそそいでくるものだ。

柳生石舟斎の道歌がある。


「斬りむすぶ太刀の先こそ地獄なれ、たんだ踏み込め先は極楽」

一対一であれ一対十であれ、白刃を前にして頭の中であれこれ迷っていては地獄の苦しみしかない。何も考えずに一直線に踏み込め、ということだ。

現代の人間関係だって真剣勝負だ。

相手のほうにぐっと踏み込んだときは、こうしてくれ、ああしてくれと、気楽にものが頼める。「和」とか「とけ合い」とは、これなのである。

真剣勝負なのだから、相手を八つ裂きにする気迫でかからなければ駄目だ。そうすれば相手から八つ裂きにされてもかまわないではないか。

禅のほうでは「生死一如」といって、死んでももともと、現在の瞬間を生ききっていれば、死んでいるのと違いはない。死にきることが生ききることだといっている。

至道無難禅師の歌の、

「生きながら死人となりてなりはてて、思うがままにするわざぞよし」

というものからとっているのだが、柳生石舟斎ですら「地獄」とビビッているのだから、修行の足りないわれわれ凡人には、なかなか「死んでもともと」の心境にはなれないのがあたりまえである。

剣士だって白刃を前にすれば、恐怖感で金縛りになるのだ。

●誰にも負けない度胸をつける！

そこで、なかなか死にきれない人たちのために、おもしろい話を紹介しよう。

宮本武蔵が晩年になって細川家に身を寄せていたとき、殿様から、「うちの家来の中で、剣術の極意に達した者がいるだろうか」

ときかれた。武蔵は即座に、

「たった一人だけおります」

と答えて、都甲太兵衛という人物を推せんした。これをきいた殿様がおどろいた。都甲太兵衛という男は、剣術がカラッキシ駄目なことで有名だったからである。

殿様は呆れかえって、「どこが達人なのか」と武蔵にきいた。武蔵答えて、

「本人に日ごろの心構えをおたずねになればわかりましょう」

それでさっそく太兵衛を呼んで聞いてみた。太兵衛はモジモジするばかりで沈黙していたが、やがて、まったく笑止のいたりですがと前おきして、こう語った。

「元来、自分は剣術がまったく駄目で、そのうえ人一倍の臆病者です。白刃の下をくぐることを考えると、夜も眠れない。

さんざん悩んだ末に考えついたのは、結局いつ殺されてもいいという覚悟ができれば、救われるのだ、ということです。そこで夜、眠るとき、顔の上へ白刃をぶら下げて、白刃を恐れなくなるような工夫をしました。

そのせいで、最近はどうやら、いつ殺されてもいいという覚悟だけはできて、夜も安眠できるようになりました。これが唯一の心構えといえば心構えです」

そばにひかえていた武蔵が、この太兵衛の言葉をきいて、

「それが武士道の極意でございます」

と膝を打たんばかりにいった、という話である。

この都甲太兵衛の「いつ殺されてもいい」というのが、禅でいう「死んでもともと」「死んで生きよ」の精神と共通するのである。

禅の坊さんだって、はじめから「生死一如」を悟るわけではない。都甲太兵衛の白刃をぶら下げるような修行を毎日くりかえしているのだ。

頭の中で考えていると、いろいろな迷いが生じてくる。体が動いていないことが一番悪い。

剣道で相対したとき、ぐっ、ぐっと歩を進めれば、その分だけうしろに下がる余裕ができる。立ち向かって、一歩一歩踏み込んでいるやつが、下がることもできるのだ。

4 あなたの心に「ゆさぶり」をかけろ！

いまの世の中は間違っている。考え違いをしている。妙な固定観念にとらわれて、全身にシビレがまわっている。なぜか。血行不良の部分を甘やかしているからだ。

血行不良は運動不足から生じる。それを自分で動かさなければならぬ。動かすことによって、全身に血がめぐり、生きていけるのだ。

●悪い部分をゆさぶれ！

手といえば、右手が冷たくかじかんで、思うように字が書けないとき、左手で右手をさすってやるのが普通だろう。

ところが、これが違う。右手が冷たいのだから、その動かなくなった手で、左手のほうをさすってやるのだ。そうすれば、右手の血行がすぐによくなる。

動かない部分を動かす。これが人体生理学の自然なところなのだが、人間の常識はどうしても悪い部分をかばってしまう。

たとえば、からまったひもをほどく場合、どうしてもほどけないときは、逆にちょっと締める方向にやってみるのだ。そうすると動くようになる。

正座で足がしびれたとき、どうするか。無理に足を伸ばそうと思わないで、もう一度ガアーッと力を入れて正座をしなおす。そうすると足が伸びる。

桜モチの葉っぱと中味がくっついてはなれない。はがそうとしないで葉っぱの外側から軽くゆさぶってやる。すると、はがれる。

すべて悪い部分をゆさぶってやることによって、空気の流通、あるいは血行をよくしてやる。自主的な回復能力を促進させるわけである。

人間の能力という問題もこれと同様に考えなければならない。

一方的に固定した分野だけを使っていたのでは、使わない部分との血行循環が悪くなり、足がシビレを切らす状態になってしまう。これはゆさぶりをかけて、ほどいてやらなければ駄目なのだ。

●己れの脳味噌にゆさぶりをかけろ！

たとえば現在の学校教育を見ていると、中学校以上の先生は、数学なら数学、英語なら英語と、ほとんどが一つの専門分野しか教えていない。

学級は変わっても、一日中、同じことを教えている。これでは教師の脳力が血行不良でシビレを切らしてもやむをえないではないか。こういう教師が、ツッパリ生徒と向かいあうと、

「こんなしょうもないやつらに、毎日毎日、数学なんか教えても何もならんわ」

となって、しまいには体全体にシビレが回って動かないようになってしまう。

なぜ、こうなってしまうかといえば、戦後教育が〝生徒に教える〟という発想で成立しているからである。

つまり、動きが悪くなって字が書けなくなった右手（＝生徒）を、トレーナー役であり教育係である左手（＝教師）が、強制的にマッサージを加えている形。これが現在の学校教育の現状なのだ。

動きが悪い右手に、左手がこれでもかと気合を入れて、

「もう動くはずだ。おれがこれだけやってやったんだから、動くはずだ。動かんのはおまえが悪い」

こういう具合に叱りつける。

私にいわせれば、これでは動かない。

本書でくりかえしいっているように、人間には自主開発能力というものが、生まれながらにして備わっているのだ。それを本来の姿で機能するようにしてやるのが、おとなの役割である。

思うように動かない右手を、自分で動かせば、動かすだけ血がめぐっていく。動けば、削れなかった鉛筆もうまく削れるようになる。鉛筆が削れれば、それで字も書ける。字が書ければ次は――というように〝できた〟という喜びを持てるようにしてやる。これが意気の力による生き生きした人間を作ることではないか。

現行の学校制度に問題もあるが、こんなことはそれ以前のことである。〝教える〟という固定観念でシビレを切らしている教師は、自分の脳味噌にゆさぶりをかけ、〝意気〟をふきかえせ。

自分の専門分野で、できる生徒だけを相手にしないで、できない生徒に一点でも二点でも、やればできるようになるという、喜びを感じさせてやれ。

大器たるもの、そのくらいのことはやらなきゃならん。できる生徒は、教えなくてもできるんじゃ。

●「心を腹におさめる」

会社の経営者なども思い違いをしている。自分が頭だと思い込んでいるから、組織全体に血がよくまわっていかない。禅では「心を腹におさめる」というが、頭を下にグッと飲み込まなければ、全体としては逆上した形になってしまう。

社長はいつも下へ下へとさがり、部下や社員は上へ上へとのぼる。社長は下の者の立場になって、いつくしみの気持ちでおりてこなければならない。そして社員は経営者の立場になって、全体的な視野で自分の仕事の位置はここにあるということを知る。

これが組織に血が通っているということなのだ。頭は頭、腹は腹、脚は脚で勝手なことをいって、自分の立場に固執していては、たちまち病気になってつぶれてしまう。

頭と脚がいつもいれかわる。そうではなく、頭とか脚とかは形だけのもので、その中にかけめぐっている血が本体なのだから、それぞれが血になって体の中を走りまわらなければばならないのだ。

そうなれば社長もクソもあるものか。頭の先の血だって、足の先まで循環するのだ。それが生命ある組織体なのだ。

少なくとも、社長という立場にあるものは、この原理に気づかなくてはいけない。社長がえらいのではなく、足の先までおりていける血をもった頭がえらい、そういう血のない頭は脳卒中の運命にある。

こういうヨイヨイ候補生の社長がいちばん不得意なのが、社員の自主性、自己管理能力、自己向上能力——こういう仏性的可能性を認めるということなのだ。

自分の手で自分の首を締めて、首をくくっているようなものだ。

生命体の血液循環の原理を知っている者は、こういう馬鹿なことはしない。

おのおのの細胞は、新鮮な血液さえ流れていれば自然に増殖して大きくなる。ちょっとした外敵がきても、ちゃんと防御能力を働かせて、白血球が退治することになっているのだ。

人間の集まる組織体である会社企業だって、どこが違うか。

「いや、そんなもんと違いまっせ」

というのなら、その人自身が動脈硬化になっているのだ。

責任の持てる役割を与えていないだけだ。大器たるもの、その部下に能力に応じた仕事を与えるべしだ。自主向上性（仏性）を持っているのだから、人間、責任は必ずはたすようにできているのである。

●頭をからっぽにして自分をさらけ出せ！

それがなぜできないか。

上が下におりないからだ。上が下におりなければ下が上にあがっていけないのは、ニュートンの法則なのだ。

世の中の経営者ほど説教好きな連中はいない。説教は坊主と相場が決まっていたのだが、株式会社の親分にお株をとられてしまった。まったく笑い話だ。

だいたい、もののわかった坊主は説教などしない。説教というのは上から下へ一方通行だけ。上意下達が目的なのだ。

お釈迦さんはこういったから、その教えを守らないと罰があたりまっせ。地獄に行きまっせ。

嘘も方便なのだから、仕方がないかもしれないが、それはあくまで手段であって目的ではないはずだ。

私たちの宗派では仏の教えではなく、仏の歩いた道を説くことはする。仏の道をみんなで歩きましょう、ということだ。

私もよく講演をたのまれたが、世のエライさんと違って、私の話は漫談だ。漫談でも講演でも、どっちでもいいのだが、私は聞いている人の下に自分の位置を持っていくことにしている。そうでないと、聴衆と私が一体にならないのだ。

講演者の中には、自分の話を聞かないとブンむくれる人がいるが、それは客が悪いのではなく自分の持っていき方が悪いからだ。

ただでさえ演壇は高いのだ。その高い位置にある者が、お高くとまった話をしていれば、下にいる者は血行不良でアクビのひとつも出るのがあたりまえではないか。

だから私はできるだけ下におりる。下におりるというとカッコ良すぎるかもしれない。

要は頭をカラッポにして、思うままに自分をさらけだす。下ネタもしゃべる。

そうすると、あの坊さんアホとちがうか、となって、みなさんの血が上にあがってくる。真空アホポンプが会場全体の血行をよくして、活気があふれてくるのだ。

大器たるもの、いくら高級な話をしても、お客さんの頭の上を通過していったのでは何もならない。

「おい、どや。おもろかったか？　あの坊さん何をいうとったん」

「わからん。わからんとこが、ありがたいんとちゃうか」

「そういうもんかいな」

こういうことでは、何もならない。

第4章

呵呵大笑、笑って壁を乗り越えよ！

1 愚に徹すれば悩みはなくなる!

人間誰でも自分を偉く見せたいものだ。馬鹿といわれるよりも、賢いといわれたいのだ。そこに錯覚がある。「愚」と「賢」はどんな人でも持っている。「賢」を磨くのは人間の本能だ。だから、それは本能の自主性にまかせればよい。問題はあなたの「愚」を大いに養うことなのだ。

●なぜおもしろくもないことをイヤイヤやるのか

私は、仕事をしながらよく歌をうたう。草むしりをしながら、便所掃除をしながら、いろいろな歌をうたう。

われながら〝ながら族だなあ〟と思う。

〽山のさびしい湖に　ひとりきたのも……

と歌の文句を見ると、さびしい感じの歌のはずが、私がうたうと明るく楽しく聞こえるようだ。

「和尚さんのは調子はずれで音痴にちがいないけど、きょうは機嫌がよさそうだ、とすぐわかりますよ」

と若い者がいってくれる。

事実、鼻歌まじりに仕事をしているときは、どんどん作業がはかどる。それに疲れも感じない。これは、仕事を義務として考えていないからだ。

「やらねばならぬ」などと少しも思わずに、自分がやりたくって、やっているからだ。

やりたいことをやっているとき、いちばん生き生きとしてくる。仕事を遊んでいるからである。

子供たちが、体じゅう泥だらけになって遊んでいるときの表情は、キラキラしている。

こういうと、すぐクレームがつく。

「和尚さん、ちょっと待って。そりゃ、子供だからですよ。何もわからないからです。大人はそうはいきません。いやな仕事でも、頼まれればやらなければいけないですからね」

「ちょっと待て」といいたくなるのは私のほうだ。

あなたは、ほんとうにいやな仕事をイヤイヤやっているのか。毎日おもしろくもない仕事をしかたなしにやっているのか。いったい何のために、おもしろくもないことを、イヤイヤながらやっているのだ。

いったい、あなたにとっておもしろい仕事とは何だ？　おもしろくて楽しくて、毎日ウキウキしてくるような仕事がどこかにあるのか？

●やりたいことに全身燃え尽くせ！

世の中にはカッコ良く見える仕事と、カッコ悪く見える仕事がある。これは事実だ。カッコ良い仕事をやりたいと思うのも、人間だからしかたない。

そういう人は、カッコ良い仕事をやるべく脇目もふらずにぶつかっていけ。太陽を手づかみするようなつもりで飛んでいけ。

全身、燃え尽くすような気持ちがあれば、やりたいことをやるのは素晴らしいことだ。やらないよりもやったほうがいいに決まっている。結果に対する責任は、自分がとらなくてはならないことを知っておけば、それでいい。

一番悪いのは、カッコ良く見える仕事をやっている人を、ひがんだ目で見ながら、自分は何の努力もせず、ウダウダとやっかみ半分で生きている人間だ。

仕事というものはカッコ良さとか悪さはあっても、おもしろいかおもしろくないかはまったく別問題だ。ああ、いやだ、と思ったら、どんなカッコいい仕事でもおもしろいどころではなくなる。責任がともなうだけに、たいへんなプレッシャーがかかってくる。

自分の仕事がつまらないと思ったら、新聞でもよく読んでみることだ。よそ目には何の心配もないような人間が、自分の命を断っている。一家心中をしている。

トルストイの「アンナカレーニナ」の冒頭の一文を知っている人は多いだろう。

「すべての幸福な家庭はたがいによく似ているが、不幸な家庭はそれぞれに不幸のおもむきが違っている」

幸福はどんな人にも公平に与えられる。不幸はどんな人にも平等に与えられる。金はないよりあったほうがいいに決まっているが、金で人間の幸福が買えないことも知っておかねばならない。金は両刃の剣だということをよくわきまえて、大いに金もうけをやればよろしいのだ。

いまの世の中は、金がある程度の価値尺度になっていることは事実なのだから、金を抜きにして、精神論だけをいうつもりはない。

カッコ良い職業につきたいと思うのなら、それに向かって突っ走ればいい。

やりたいことを、精いっぱいやっておればよいのだ。その中で三昧になって生きることだ。寝ころんでいて、他人の走っているのを横目で見ていては、自分がいじけるだけだ。

まず起きて、顔を洗って、自分の足で歩きはじめることだ。

●己れの「愚」に徹せよ!

まず、紙を用意して、大きな円を描いてもらいたい。一分間、じっとにらんでみよう。

さて、何かが見えてきたのではないかな?

「月、まんじゅう、彼女のほっぺた……」

それが間違い。

それは何の変哲もない円にすぎないのだ。

「また和尚さんのいじわるがはじまった。バカにしないでくれ」

とあなたは怒るだろう。だが、だまされたと思って、今日から一日一分間、その円をにらみつづけられたい。

いったい、バカげたこととは、どういうことなのだろう。やってもムダなこと。人に笑われるようなこと。一文の得にもならないこと。

いろいろ考えられると思うが、バカげたこととはだいたい無意味なことを指すようだ。

だが、ひねくれでも何でもなく、この世の中に無意味なことなどない。

「そんなことをやったって一文の得にもならないじゃないか、くだらない」

といって「得になる」ことばかり追い求める人は、いつかきっと、その「くだらない」ことに苦しめられる。

これは、決してあなたをおどしているのではない。

そのむかし、釈尊の弟子に愚路という、頭の弱い男がいた。実の兄もバカにして相手にしないし、まわりの者もつき合おうとしない。そこで釈迦が、

「われ塵を払い、われ垢を除かん」

という両句の法を、愚路に覚えるようにさずけた。が、愚路は、それさえ覚えることができない。

そこで釈尊は、他の弟子たちの「はきもの」をきれいにするように愚路に命じた。彼は

懸命にくる日もくる日もバカにされながら、クツ掃除に励んだ。

そんなある日、愚路は、「われ塵を払い、われ垢を除かん」という釈尊の言葉を思いだした。そして、「これは心の塵や垢を洗うということだ」ということに気づいた。

それ以後、愚路は坐禅三昧の行に入り、やがて、阿羅漢可という高い立場を得るまでにいたった。

この寓話は、自分の愚かさに徹することによって、ついには賢や愚という価値判断ではかりしれない境地に到達することを説いている。

みなさんおなじみの良寛和尚は、この愚路に心服し、みずからもそのような生き方をした。これが「養愚」、バカになりきるということなのだ。

私も、「バカにならなきゃ坊主になれない」といわれながら修行を積んできた。

●なぜ「愚」より「賢」を大切にするのか

人間は、どうしても自分の「賢」の部分を養いたいものだ。利口になろう、人より偉くなろうと考える。だから「賢」の部分にばかりメシを食わせる。自分のなかの「愚」の部分には気づかない。

いや、気づいていても、ひた隠しにする。愚の部分にさわられると恥かしい。腹を立てる。こうして、いつも他人の目を意識して、自分本来の生き方を見失ってしまう。

これに対して、自分の中の愚かさを養い、「鈍」な部分にメシを食わせてやれば、だれに見られようと、何といわれようと、腹も立たない。生活も楽しくなる。「養愚」とは、こういう逆転の発想なのだ。そのくらいでなければ坊主はつとまらんというのだ。坊主だけではない。現代を生きぬくためには、こういう大器たるべきものの考え方が、誰にも必要なのだ。

私の友人に、従業員三〇〇人くらいを抱えている中小企業の社長がいる。学歴もない裸一貫からのタタキあげだ。腕一本でいまの地位を築きあげてきた。

この社長が数年前から現場を離れて、社長業に専念するようになった。もともと見栄っ張りのところがある。それがなければガンバリもなかったのだから仕方がないが、社長業に専念してからは、その見栄の部分に磨きをかけてしまった。

豪華な家を建てた。外車も買った。週末はゴルフに行く。そんなことはどうでもいいことだ。自分の金をどう使おうと、他人が口をはさむことではない。

しかしマズイことには、得意絶頂の彼は、豪華な家や外車を手に入れ、ゴルフに通う自分がとてつもなく偉い人間になったような錯覚にとらわれてしまった。

会う人ごとに、自分の才能や手腕をひけらかした。大会社の社長と伍して政治や経済を論じた。

たしかに彼は自分の力でここまでのしあがってきたのだから、才能はあるし、手腕もあっただろう。しかし、それ以上に、彼はそんなものを意識しない、まっ裸の生き方をしてきたはずである。そのまっ裸の精神が彼を大きくしてきたのだ。

ところがだ。まっ裸を恥ずかしいと思ってしまったのか、突貫工事でその〝手腕と才能〟に補強を加えたのだ。その結果が政治を語り、経済を論ずることになった。

にわか仕立てだからボロが出る。ボロはあたりまえと開きなおってしまえば、彼の持ち味なのだが、いったん自分の才気におぼれてしまった人間は、マイナスを認めない。ボロではは才能と手腕がないということを認めることになるからだ。

●「バカになってガムシャラにやりなはれ！」

かくして、彼はボロをひた隠しにして、虚栄心のかたまりになり、その足元からボロが出た。

こうなると、まわりのものは反発する。まっ裸の彼にほれて力を貸した友人も、「何だアイツ、のぼせあがって」と、ひとり離れ、ふたり離れて、とうとう親身になって忠告する人間もいなくなった。創業以来の社員たちも「バカバカしい」と仕事に意欲をなくしてしまう。彼はほんとうの〝ハダカの王様〟になってしまった。

業績は下降線をたどらないほうがおかしい。

彼は事態の急変を知って、青くなって私をたずねてきた。しばらく前の、紳士然として気どった顔は、そこにはなかった。

「バカになりなはれ。バカにならなきゃ、社長などつとまらへん。オツにすましていたら、だれも寄りつきゃせんで。バカになって、はじめのころのように、ガムシャラにやりなはれ」

私は、こういったものの、はたして彼が、またもとの彼のように、まっ裸の生き方ができるかどうか心もとなかった。

案の上、しばらくの間、彼はただ頭をかかえて悩んでいるばかりだった。そんなある日、油まみれになった作業服の社員が、息せき切って飛び込んできた。

「社長、たいへんです。機械が全部動かなくなってしまったんです。誰に見てもらってもダメなんです。これでは仕事になりません。納品まであと三日です」

彼は、話を聞きおわらぬうちに工場に飛び出していった。専門的な勉強はしていないが、長年、寝食をともにした機械のことは、自分の子供のようによくわかる。彼は徹夜で機械の下にもぐり、油まみれになって故障と取りくんだ。

この一件があってから、彼は生まれ変わったように生き生きとした。生半可な知識は振りまわさなくなった。ときには作業服で現場に立って体を動かすようになった。

そこには〝ハダカの王様〟はおらず、まっ裸の人間がまたガムシャラに働いていたというわけである。

●愚を養う

「バカになりきれ」という。

そう簡単にはいくものか。だれだって自分のオツムの程度を問題にされるのが一番つらい。それが人間なのだ。

私だって面と向かって「おまえはバカだ」といわれれば腹が立つ。だが最近は「その通り、正真正銘のバカ者が私です」といえるようになってきた。

私は私に〝なりきって〟生きているつもりだから、バカならバカでもよい。そんなことは他人がいうことだ。大切なのは、私になりきって生きているということなのだ。

人間は「賢」の部分も持っているし、「愚」の部分も持っている。この人に見せたくない部分を、いつも虫干しに出してやる。カゲ干しではなく、思いっきり陽にあててやる。それが「愚を養う」ということだ。

人間の「賢」の部分は理性とか知性とかの理論的な頭脳の働きが作りだしている。

それに対して「愚」の部分は感性とか感情とかの非論理的な脳細胞の働きが作りだして

いる。

だから、「人間は理性的であらねばならない」とか、「知性を磨くべきだ」と、一方ではやかましくいいたてる。そして、もう一方では、「人間は感情の動物だ」「人間、理屈じゃない」と、まったく別なことをいいだす。

理性だとか知性だとかを追求してきたヨーロッパが「不合理ゆえにわれ信ず」といいだすし、東洋と西洋の板バサミにあった夏目漱石は「知に働けば角が立ち、情にさおさせば流される」と嘆いてノイローゼになった。

まったく何が何だかわからない——となってくるのだが、そうではない。

「理・知」と「情・感」の部分をいっしょくたの存在と考えてしまうから、おかしくなるのだ。理知が情感を押さえつけようとするから、胃潰瘍になるのだし、感情が理性をハネのけようとするから、精神障害を起こしてしまう。

「理・知」と「情・感」とは、そもそも人間の中に存在する、ふたつの独立国家であると考えたほうがスッキリする。おたがいに内政不干渉の立場をとるべきなのだ。

●理性に対しても感情に対しても自然であれ！

人間は理性的である努力をすべきだし、知能を磨くべきだし、そうしなきゃ人類は進歩しやせん。

と同時に、悲しいときは大いに泣き、嬉しいときは大いに笑い、腹が減ったらメシを食う、こういう感情に自然に生きる存在でなけりゃならない。それをやめたら人間じゃなくなる。

どっちが優位で、どっちが先だと考えてはダメなのである。どっちも大事。どっちも人間として生きるには、なくてはならないことなのだ。

これを優劣論で処理しようとするから、どっちが勝った負けたで、体をこわしてしまう。ドタマが胃袋をぶっ殺すか、胃袋がドタマを狂わせるか。そんな戦争を毎日やっているのが現代人の悲しさなのだ。両方なければ生きていけないのは、子供だってわかるじゃないか。

昔の人が、「バカになりきれ」「愚を養え」といったのは、人間はもともと「賢」の部分、つまり、理性とか知性を向上させるように生まれついているのだから、そっちの部分は自主性にまかせておけばよい。それにくらべて感情のほうは「感情的になってはいかん」といわれるように、ないがしろにされる傾向があるから、こっちの訓練もしておかないと大変なことになるよ、ということなのだ。

「愚」の部分を天日にさらけだして、日やけをさせて健康色にさせておれば、胃潰瘍で悩むことはなくなる。

健康な胃袋で適当な食欲があれば、人間健全なのだ。腹の皮がつっぱれば自然にマブタは重くなる。欲の皮がつっぱっていれば体をこわしてまで働くだろう。胃潰瘍になっても、不眠症になってもやるというならやればいい。それも生き方だ。

だが、「知」と「情」のバランスがなくては、人間、生きていることが苦痛になる。苦痛から幸福は生まれない。苦痛は乗り越える障害物であっても、ハードルを作ることが人生の目的ではない。

私が、この項の最初で円を描いて毎日にらんでごらんなさいと書いたのは、人間の理性とか知性とかの、いわゆる「賢」の部分を切り離すトレーニングだと思ってくれればよい。

この円を見て、子供なら「マル」と素直に答えるものだ。しかし、知性的といわれる人ほど「何か深遠な意味があるばすだ」と考え込んでしまう。意味を勝手にこじつけて、あでもない、こうでもないと悩む。

大器たるもの、こういう悩みを一切捨てなさいと私はいいたいのです。

2 大バカ者に強運がめぐってくる！

歴史上の大人物は、はたして「賢者」だったのか「愚者」であったのか。西郷隆盛はこういった。〝始末におえぬ人が大業をなす〟と。

豊臣秀吉は、どうだったのか。徳川家康はどうであったのか。すべて計算通りに生きた人間だったのか。成功者の原理原則は「愚」にあるか「賢」にあるか。それはいかに——。

●「愚」の裏側にかくれた「賢」とは？

大器たるもの、「清濁あわせのむべし」といわれている。その通りだ。

「水清くして魚すまず」という言葉もある。人間生きていくうえにはキレイ事だけではすまない。別に悪いことをやれというのではなく、無菌培養の清浄野菜のようにはいかないということなのだ。

「清濁」というから間違いやすい。「賢愚あいおぎなう」。私は大きな器の人間とはそういう存在ではないかと思う。

賢愚を左右二本の手で使いわける宮本武蔵の二刀流のような人間でないと、この複雑になった世の中は生きていけない。

よく「カミソリのように切れる」といって優秀なヤリ手の人物を評価するが、ほんとうの意味ではこういう人は大器とはいえない。「賢」の部分だけだからだ。

だいいち、カミソリのように切れるなら、いつ自分が切られるかわかったものではない。恐くって近づけない。そして鋭利な刃物ほど折れやすい。

こういう人物は、集団の中では参謀型で出世できても、大将の器ではないのだ。

大将の器とは、「賢愚かね備えている」ことが必須条件となる。それも「賢」の部分は「愚」の裏側にかくれていて、ふだんは見えないような人が最適だ。

戦後の社会は欧米化が進んだといわれているが、何千年来にわたって連綿と続いている日本人の血は、「理知」の部分ではなく「感情」の部分にマッカッカに引きつがれている。

理論なんかはすぐ忘れるが、うらみつらみは死ぬまで忘れないのと一緒である。

日本人の社会は「賢」の部分で動いているというのはタテマエで、「愚」の部分で動いているのがホンネなのだ。いまの若い人はホンネ人間といわれながら、どうも頭だけで考えてしまう傾向がある。

頭だけで考えてしまうから、なかなか社会生活に入っていけないのだ。会社の上司が立派に見えたって、そんな外見にまどわされてはいけない。

頭のいいやつ、賢いやつは出世しない。

こう考えておけば間違いないし、気楽だろう。事実その通りなのだ。民間企業のトップ経営者の出身校を調べてみなさい。東大出身者など数えるほどしかいない。

「いや、時代が違いますよ」

そんなことはない。逆である。頭だけよく回転する人間は、コンピュータのソフト開発にまわされて、三十歳にならないうちにすりきれてパンクしてしまうだろう。

これから生き残れるのはバカだけである。へたな賢さはコンピュータが処理してくれる。そんなものは思いきって捨ててしまったほうがよほどいい。

●自分だけの固定観念を早く捨てよ！

だいたい、これまでが賢くなることばかり勉強してきたから、世の中ギクシャクしてしまったのだ。右も左も知識人で息がつまりそうだ。スキ間がない。みんなそれに気づいて、これではいかんと思うようになってきた。

私などに原稿依頼の注文が殺到するのがその証拠。

だから、これから社会でサバイバルしようと思うのなら、まずエラくなろうという意識を捨てて、自分の「愚」の部分をすなおにさらけだし、自然のままに生きるトレーニングをするべきだ。

そうすれば、毎日の生活が楽しくなる。体の調子もよくなって、生き生きとしてくる。活気がでてくる。仕事もできる。

活気があって仕事ができる人間は、だまっていても人が見ている。仕事が集まる。バカになるトレーニングできたえているから、へんなことにこだわらない。人間風車のごとくバリバリかたづける。

「すごいバカ力！」

だと周囲は感嘆する。

その結果、本人が知らないうちに出世して、しかも金が入る。いつの間にかドデカイ人間になっていたということになるのだ。

「そんなにうまくいったら、おなぐさみだ」

こういう人は、本もののバカ者。

嘘ではない。愚に徹してやってみなさい。必ず、あなたは出世する。大金持ちになることも夢ではない。

大器たるもの、自分だけの固定観念を早く捨てることだ。カラッポになればそれだけ何でも入ってくるのが道理ではないか。

●命知らずの大バカ者が大業をなす

歴史上の人物を見ても、愚に徹した人が大物になっているものだ。

西郷隆盛の有名な言葉がある。

「命もいらず、名もいらず、官位も金もいらぬ人は、始末に困るものなり。この始末に困る人ならでは、艱難《かんなん》をともにして、国家の大業はなしえられぬなり」

いまの社会風潮では「国家のため」などといってもはやらないから、その部分をはずして考えてもいい。命知らずで、金もいらないという大バカ者が、結果として大業をなす。

この原則はいつの時代でも変わらないのではないかと思う。

たとえば日本の出世頭だといわれている徳川家康だってそうだ。

この人は逃げの名人のようにいわれるが、けっしてそうではない。三十一歳のときに三方ケ原で武田信玄の大部隊を相手にコテンパンに負けた。計算づくで、負けるいくさをしないというなら、浜松城に閉じこもって昼寝でもしていれば、それですんだのだ。

それを織田信長に義理立てして、敢然と番犬の役割に徹し、ワンワン吠えたてて噛みつきかかって、半殺しの目にあった。

大将の家康自身が半死半生の体で、からくも命を取りとめているのだ。どう考えても百パーセント勝てなかった状況なのだから、これは理屈にあわない行動だ。

運よく命が助かったから三十年後に天下を取れたが、死んでいれば家康なんて歴史のすみっこに名前が残ったかどうかもわからない。

家康はそのとき、自分の将来などというものを考えていない。考えれば自殺行為などするはずがない。死んでもいいや、と思ったから負けるケンカを買ってでたのだ。

こういうバカなケンカをやるような男だったから、最後に天下を取れたのだ。

秀吉だってそうだ。

なるほど機転のきく人物であったかもしれないが、朝倉攻めのとき、浅井長政の謀反にあって退却することに決まると、殿軍《しんがり》を買ってでている。

ものの本などでは、いかにも勝算があったように書いているが、殿軍は死ぬのが役目である。万に一つも命が助かるとは限らないものなのだ。

その役目をあえて引きうけた秀吉は、やはり命知らずの大バカ者であろう。

そして、その大バカにつきあったのが、スコブルつきの大バカ者、徳川家康なのだ。

●計算高い人物に強運はつかない

成功者としての歴史上の人物を勉強するのもいいが、「賢」の部分だけを見ないで、「愚」の部分も見てほしい。

秀吉が信長の草履をふところであたためたというと、ゴマスリの天才みたいに思ってしまうが、秀吉は純粋な尊敬の気持ちで、ただ主人に冷たい草履をはかせてはもったいないと考えて、その気持ちをすなおに行動としてあらわしただけなのだ。

家康にしても、秀吉にしても、若いときには計算ゼロの人間だったと思う。その瞬間その瞬間をなんのてらいもなく、己れの気持ちを大事にして生き、そしてあるときは命さえ投げだす「愚」に徹した男だったのだ。

そういう「大愚」が結果として天下をとれたのである。もちろん運が強かった。しかしヘタに小利口で計算高い人物だったら、そういう強運はついてこないから、天下もとれなかっただろう。

秀吉の話のあとに自分のことを書くのも何ですが、私も寺にくる観光客のはきものを自分の手でそろえている。

「住職が、そんなことせえへんでもええがな」

とよくいわれるが、私にははきものが下品なものという気持ちがない。帽子をあずかるのと同じ気分でいる。

ましてや、こうすればもうかるだろうとか、自分がエラく見えるだろうとかの考えもない。カラッポの気持ちなので、手のほうが自然に動いてはきものをそろえてしまうのだ。

3 心配するな、壁はわけなく乗り越えられる！

人生は急な階段をのぼっているようなものである。振り返ればその急角度におそれをなして一歩も動けなくなる。これを奈落といい、人生の壁という。

この壁にぶつかったとき、人は己れの力の限界を感じる。しかし、その限界とはほんとうにあるのか。人生の壁はあるのか。それをあなたは知らなければならぬ。

●この意識があなたの行動を妨げる

私がまだ小学校一、二年のころの話だ。

四つ歳上の兄が私を学校につれて行ってくれていた。途中、猿沢池の前の興福寺の五重塔の下に五十二段もある急な階段がある。兄はそこをのぼって学校に行こうというのだ。ところが私は生来臆病なたちで、その急な階段がどうしてものぼれない。恐いのだ。足がすくんでしまう。

しかし、兄がせかすのでのぼらなければならない。勇をふるってのぼりだすのだが、途中まではのぼれても、上に行けば行くほど背後に落ち込む急な階段に引きずり込まれるような気がして、からだが金縛りになってしまうのだ。

下を見てはいけないとわかっているのだが、つい見てしまう。目がクラクラしてくる。上を見れば、まだてっぺんははるか彼方である。もうどうするすべもなく、へなへなとそこに座り込んでしまうのが常だった。

兄はそんな私を見て、やれやれと思ったのか、いつも自分の背中に私を背負って上まであがってくれた。

たった四つ歳上であるのに、兄は私を背負ってあの急な階段をのぼったのだ。何という力、何という勇気だろう。

五十二段の階段というのは、仏法の修行の段階が五十二あることからきている。この階段をのぼることもまた修行の一つである。

しかし、私はその修行をなかなかまっとうできずに、途中でいつも立ちどまってしまったわけだ。

立ちどまる。これを「住地《じゅうち》」という。私はいつも住地そのものだったといえる。

沢庵禅師はいっている。

「物ごとに心のとどまる所を、住地と申し候。住はとどまると申す義理にて候。とどまると申すは、何事についてもその事に心をとどむるを申し候」

屋根などにのぼる。ひょっと下を見て、「ああ高い所にきてしまった」と思う。その一瞬からあなたの足は動かなくなる。ちょっと動けば、足をふみはずして大怪我をしてしまう。このことである。

これを、たじろぐという。私たちの言葉でいう擬議である。

擬議している人間はすぐわかる。その目を見ただけで、「あっ、こいつはアカンな」と判断できるのだ。

なぜ擬議するか。

「おれ、こんなところに立たされていややなあ。もっといいところだってあるだろうに。おればっかりこういう目に、なんであわにゃならんのや」と思っているからだ。

そういう、自分のいる場所よりもよいところが他にあるはずだと思っている人が、不平をならべたり、ゴネたりする。

じゃあ他の場所へ持っていけば、その人は不平不満をいわなくなるかといえば、そうではない。いつもどこへ行っても、不平不満は絶えないのだ。

●難関をつくり出すのはあなた自身である

いつも問題になっている校内暴力にしても、生徒自身の自己否定の劣等意識から発生している。私はダメなんだ。ぼくはこの辺どまりの人間なんだ。この考え方が、まわりの者にどれだけ迷惑をかけているかわからない。

あなた以上に貴い人はいないのである。あなたの体の中には薬から何から、ありがたいものがいっぱい詰まっているのだ。

『碧巌録』にこんな話がある。

文殊菩薩がある日、善財童子に薬草を採りにやらせた。

「薬にならぬものを持ってこい」というのだ。

善財はあちこちを探したが、薬にならないものはない。毒と思われているものだって薬になるということがわかった。帰って「薬にならざるものなし」と報告した。すると文殊は「じゃあ、薬になるものを持ってこい」という。

そこで善財は一本の草をさしだした。文殊はその草を持ちあげてみんなに示した。

「この草は、人を殺すこともできるし、また人を活かすこともできるんだ」

この一本の草が、あなた自身である。

あなたの体の中にあるすばらしいもの。これは使いようで毒にも薬にもなる。それを上手に薬として使って、いつも自家薬籠中のものにすれば、擬議することなどあるはずがない。

その都度その都度、自分のからだの中から薬をつぎ込んで行く人間なら、擬議することはないのだ。

たじろがないというのは、自分の仏法を信じることだ。ところが、信じていないから、ちょっとした難関にぶつかると、「どうしたらええんやろ」と足をとめる。そして心の中では「だれか助けてくれへんやろか」と思っている。

足をとどめたとき、あなたの目の前にある難関はほんとうに険しい難関になっている。坂道であれば、急な坂でもいくらでものぼってしまえる私が、同じ傾斜の階段をなぜのぼれないのか。私は興福寺の五十二段で、仏法の勉強をさせてもらったのだった。

●「あきらめ」は人生最大の敵である

アメリカで「成功に導く会社」、サクセス・モティベーション・インスティチュート（ＳＭＩ）を設立、人生に成功する方法をセールスし、自ら巨大な富を築きあげたポール・マイヤー氏の話を紹介しよう。彼は、人間の隠された能力を次のようにたとえている。

――百トンもあるような最大級の機関車でも、停止しているときは車輪の下に、小さな木片の車どめを置いておけば、動きだすのを未然に防ぐことができる。

ところがこの機関車が時速百六十キロの速力で走っていると、厚さ百五十センチもある鉄筋コンクリートさえも突き破ってしまうのだ。

人間もまったく同じだ。

ひとたび自己の潜在する能力に、意気のエネルギーが充満すれば、どんな障害でも突き破ることができるのである。

人生の壁が目前に高く大きく立ちふさがって、どうあがいても突破することができそうもない。そういうときがある。

そのときあなたは目前の壁の大きさに心が硬くなってしまって、右も左も見えなくなってしまっている。停止した状態で壁を押しているようなものだ。これではいくらがんばっても壁は破ることができない。

停止している機関車は、自分が動き出すだけでも莫大なエネルギーがいる。小さな木片を置いただけでもアウトなのだ。

ひょっとしたら、とてつもなく大きく見える壁でも、見方によってはこんな小さな木片だったかもしれない。

だいたい人生の壁なんて見えるものではない。動こうとしているのに動けないから、とてつもなく大きな壁が立ちふさがっているように思えるだけなのだ。機関車は足もとの小さな木片が見えないだけに、あせり、いらだって自暴自棄になり、結局あきらめてしまう。

サーカスの象を見てみなさい、とポールマイヤー氏はいう。

一トンもある物体を鼻で軽々と持ちあげることもできる力があるのに、小さな木の杭につながれているだけでおとなしくしている。

なぜ、やれば簡単に引き抜ける杭を抜かないのか。それは小さいときからビクともしない鉄の杭に重い鎖でつながれ通しで育てられてきたからだ。そういう環境で育ってしまうと、つながれただけで「もうダメだ」とあきらめてしまう。象は鉄の杭と木の杭が区別できないのである。

●壁などもともと存在しないのだ！

ポールマイヤー氏は、また、水族館でのエピソードでそのことを説いている。

サワラとカマスという魚がある。同じ暖水系の魚なので、同じ水槽に入れる。カマスは体長三〇センチと小さいが、気が強い。一方のサワラは一メートルほどに育つがおとなしい。どうしてもカマスがサワラをいじめる。サワラは傷だらけになってお客さんに見せられない。

そこで、どこの水族館でも最初はサワラとカマスの間にガラスの板を入れて仕切ってしまう。ガラスの板はカマスに見えないから、習性どおりサワラを攻撃しようと思って、ダッと突進する。

すると、ガラス板に激突する。カマスだって痛い。何回も痛い目にあっているうちに、最後にはついにあきらめてしまう。

そのあきらめた時点でガラスを抜き取るとどうなるか。サワラはガラスのあったところまでは近づくが、これ以上は行けないものと思い込んでいるから、クルッと方向転換してしまうのだ。

見えない壁は、もう存在しないのにあるものと錯覚して引きさがってしまう。

——どうだろうか。

あなたは、このサーカスの象や水族館のカマスと似たような錯覚にとらわれていないだろうか。

「俺の力は、このへんどまりだ」

という人は、この象やカマスなみの頭といわれても仕方がない。自分の能力を自分自身で縛りつけて動こうとしないだけなのだ。

それでもダメだという人もあるだろう。「見えない壁じゃない。現実に立ちふさがっていて、一歩も進めない」

それはそうだろう。人間はやらなきゃならないものが山ほどある。勉強がある、試験がある。恋愛もする。仕事もある。妻もいるし子供もある。いちいち数えていたらきりがない。そのいちいちが全部巨大な壁になって、あなたの前に立ちふさがるかもしれないのだ。いやだと思ったら、人間自殺する材料は数限りなくある。それどころではない、何もすることがなくなってても自殺してしまうのだから、人間というのは始末が悪いのだ。

●死んだ気になれば壁は乗り越えられる

あなたは立往生しているのだから、いったん退却するしかない。うしろにさがって距離をおいてから、その壁を見る。そうすれば高かった壁も低く見えるだろう。

「なんだ、こんなものだったか」

と思えばしめたものだ。

その距離を滑走路にして、ダァーッと突っ走る。加速度をつけて一気にハイ・ジャンプだ。

そうすればそんな壁はわけなく乗り越えることができる。あなたは加速度をつけてハイ・ジャンプすべきところを、柳の枝にとびつく蛙のように、垂直とびをやってあせっていただけなのだ。

なに？　それでもダメだ？　背水の陣で一歩もさがれない？

じゃあ、横にまわってみたまえ。万里の長城だって地球を一周しているわけではないよ。

そんな悠長なことしてられないだと？

あんたはアホか。何のためにデッカイ頭持ってるねん。

前後左右と上がだめでも、まだ下が残ってるではないか。穴ボコでもせっせと掘りなさい。トンネルを掘ってくぐり抜ければいいじゃないか。

絶体絶命、背水の陣、死んだ気になればどこかに突破口は必ず開ける。

四面楚歌の項羽だって、漢軍百万の包囲陣を数千の残兵と暗闇突破。故郷を目前とする場所まで逃げて、再起がはかれるはずだったが、敢然と追撃軍に最期の戦いをいどみ、猛虎のごとく暴れまわって討死にした。

「力は山をぬき、気は世をおおう。時に利あらずして、騅《すい》ゆかず。騅ゆかざるを、いかんすべき。虞や、虞や、なんじをいかんせん」四面楚歌の声をきいた有名な垓下の戦のとき、項羽がうたった詩がこれだ。このあと項羽は愛妾の虞姫を切って暗闇突破をはかったわけだ。

その項羽が、なぜ最期に自殺行為にでたか。天命を知ったのか、武名を飾ったのか。それとも虞姫に心中だてをしたのか。それはわからない。

男なら、どうせ死ぬなら、こういう死に方をしたまえ。何が人生の壁であるか。それでもだめなら豆腐の角にでも頭をぶつけて死んでしまったほうがよい。

「身を捨ててこそ浮かぶ瀬もあり」

剣術の道歌である。

第5章

死んでもともと、でっかく生きろ！

1 過去にとらわれず、未来を思い悩まず

「努力と根性」という。こういう言葉で人のシリをひっぱたいて、金もうけをしている人間がいる。こういう〝先生ども〟はすべてニセ者と心得たほうがよい。

努力とか、根性とかは、自分のためにいいきかせればそれでいいのだ。人にいうことではない。そして、その言葉を意識しない人が本モノなのだ。

●こだわりを捨てよ

あなたは、今までいろいろなことにこだわって生きていたのではないだろうか。

学歴や職業のランクづけ。地位や収入のよしあし。名刺の肩書きからライターなどの小物類にいたるまでのブランド志向。

すべて他人との比較である。

こういうものにこだわって、やたらいばりくさってみたり、反対にいじけきったりして、クヨクヨウジウジ生きてはいなかっただろうか。

もし、そうだとしたら、私は「何をやっているか！」と大喝してやりたい。こんなもの

が〝偉い〟と思っているのはアホの証拠なのだ。

もうわかっていただいたと思うが、ほんとうに気づかなければならないのは、あなた自身の体の中にある〝偉大な生命〟なのだ。このことを知ることが、人生の基本だ。

最近は、人生八十年だといわれている。日本は世界最高の長寿国になった。結構なことじゃないか、と思っていたら、新聞の世論調査などを見ていると、長生きする分だけ老後が不安というアンケートが続出している。

いったい何を考えておるのか、といいたい。

毎日をクヨクヨ生きている人間が、あと五十年生きなければならないと思えば、いい加減ウンザリするだけの話だ。

だいたい人生をケツから見て、あと何年などと考えること自体が大間違いだ。

あなたは、自分自身の体の細胞の寿命をご存知だろうか。

いちばん長生きするのが筋肉で、これが四カ月。肝臓で一カ月半である。ほとんどの細胞が、生まれてはすぐ死んでいるのだ。

この事実を知れば、二十歳の若者であろうが、六十歳の年寄りであろうが、計算上の年齢などは、まったく無意味であることがわかるだろう。

肉体年齢にしてこの通りなのだ。まして精神年齢などは問題外。二十歳の年寄りもいれば、八十歳の青年もいる。これは比喩の問題ではなく、まったくの真実なのだ。

いまの若い人たちは、なんとなく年寄りじみているという。評論家の人は、社会が固定化して、しかもテレビやインターネットを中心とする高度な情報の中で育ったので、ものごころがつくころから、自分の一生がわかってしまうからだという。

もし、そうだとすれば、こんな不幸なことはない。人生やるまえから結果が見えていればクソおもしろくもないだろう。

しかし、ちょっと待て。ほんとうにそうなのか、よく考えてもらいたい。あなたの見えているという将来の姿とは、いったい何なのだ。

「せいぜいがんばっても、部長どまり」

「あんなに苦労しても、親父なみ」

だから、適当にやっていればいいんだ。あなたはこういうだろう。

「バカ者めが」

それが何も見えていないということだ。

親の恩ということは、この際考えなくてもいい。それよりも、きみ自身の生き方と、親父さんの生き方は、全然別なのだということを胆に銘じなければならない。

●一瞬一瞬にすべては変化する！

あなたの人生は、あなた自身がつくりあげるものだ。それぞれが、自分の生活をよりよくするために、工夫をこらしてつくりあげるのが人生だ。それを知らずに、親や兄弟の人生によりかかって、それが自分の人生の基礎工事だなどと思っている馬鹿者だったら、親が死んだときに、たちまち自分という大きなビルディングが完全にこわれる。そんな馬鹿者はいざというときにもこんなビルディングをつくったことを後悔する。それでなければ諦めだ。

こういうバカ者がいつもいうのが、「どうせ、何々なんだから」という決まり文句だ。

私はこのようなタワケた人間には、正直なところつきあいたくないが、一言だけいっておこう。

「人間は死ぬよ。どうせ死ぬのなら、あなたは早く死にたいと思いますか？」

そうは思わないだろう。

どうせ、死ねないんなら、生きるということを真剣に、自分の目で見つめなさい。人の人生を見て、わかったような顔をしないで、自分の人生を、一所懸命に生きることだ。

「一所」ということは、「一瞬」ということであり、いま現在自分が置かれている立場ということなのだ。その状況から逃げることなく勇気を持って立ち向かっていくということだけなのだ。

人生というのは、その「一所」「一瞬」が勝負である。過去にとらわれて生きることでもなく、未来を思い悩むことでもない。いま現在を生ききること。この集積が人生であって、そのほかに出来あいの人生など買ってくるわけにはいかないのだ。

あなたの生命自体が何億という膨大な数の細胞で成りたっている。一瞬一瞬に生まれ、そして死んでいる生命の集積が、あなたという人間なのだ。

これを釈尊は「諸行無常」という言葉で教えている。「無常」というと、何か仏教的諦観と間違って伝えられているが、決して消極的な意味なのではない。

すべてのものは刻一刻と変化していて、同じということはない。あらゆるものが、生滅・変化して定まりがない。これが「無常」の正しい意味なのである。

だから、形のあるものをあたかも永遠のように思い込んで、それにとらわれてはいけないというのだ。

学歴、職業、地位、肩書き――すべて形だけのもの。こういう形だけのものにとらわれ、こだわって、自分自身のほんとうの生命の力に気がつかないのは、最大の不幸である。

一瞬一瞬の間にすべては変化している。

このことに気がつけば、形へのこだわりがバカげていることがわかるだろう。

思考だって、また毎日、生まれかわることができるのである。

●いまやっていることに夢中であれ！

年寄りというのは、頭が固くなった人間のことであって、生まれて何十年などという単純なものではない。

「おれは、ここまでや。おれの能力は、こんなところや」

という人間は、二十歳前でも、すでに大年寄りだ。自分自身の能力を、自分の尺度ではかって、ここまでだ、と線を引いてしまっている。

こんなのは人間が謙虚なのでも、正直なのでも何でもない。怠惰なんだ。

自分の力をワクにはめてしまえば、そのワクを乗り越えなくとも、自分にいいわけができる。

「だいたい、こんなもんですわ」と開きなおってしまえば、努力がいらない。

努力というと、はじめから重苦しくなるから、努力という言葉は使いたくない。やりたくないなら、やらなければよろしい。努力がいやなら、努力はなくてもよい。

人間の生活というものは、そんな掛け声的なものではなく、もっと自然なものだ。自然に手や足が動きだして、やることがおもしろい。おもしろいから、もっとおもしろいことを工夫してやる。

人生の達人というのは、すべて、つまらないと思われることを、おもしろくすることに命を賭けた人たちだ。

絵かきに向かって、あんな落書き何がそんなにおもしろいんだ、といってみてもはじまらない。プロ野球の選手に向かって、あんなタマ遊びのどこがおもしろい、といってみても、いうほうの頭の程度がうたがわれるのがオチである。

そういう人たちは、他人が何といおうとも自分がいまやっていることに夢中になっている。無我夢中なのだ。その無我の中から、少しでもよいものを、少しでもうまく、という向上心が生まれてくる。

この向上心も欲である。だから人間のやることに無欲ということはない。

しかし、この自然な向上心という欲は、努力というものとは別物なのだ。努力の積み重ねが好結果をもたらすものとは限らない。そのことを十分に承知したうえで、なんとかやっつけてやろうとする心意気があるだけなのだ。自分の意気を燃やし続けている人間だけが、ほんとうに強いやつなのだ。

●「努力」と「根性」を持ち出すやつはニセ者だ！

「努力すれば、むくわれる」という。こんなものは嘘っぱちだ。「努力するから、むくわれない」のだ。努力という言葉には結果に対する期待の気持ちがある。だから、むくわれるとかむくわれないとかになって、結果が悪く出りゃ、「努力しても無駄だ」となってくる。

だから、私は「努力」という言葉がきらいなのだ。この言葉には人間の苦しみばかりがつまっている。それに「根性」がくっついてくると、なおさらうんざりしてくる。

「努力と根性」で自分をムチ打って一歩でも前に進もうとするのは勝手だが、ムチ打って進むということが、すでに負けている。

草原を自由に駆ける馬と、人間にムチ打たれながらいやいや走る馬とでは、どちらが早いか知れたものではないか。

世の中に、なんとか先生とよばれる人間は多いが、「努力と根性」を持ちだすやつは、すべてにせ者だと思ってさしつかえない。

そんな掛け声でひっぱたけば、人間が動くものだと心得ているのだから、そんなやつは競馬ウマの調教師としても失格だ。

世の中の成功者といわれる人のインタビューなどが、よく雑誌にでているから、よーく読んでごらんなさい。

——さぞかし、ご苦労がおありだったでしょう。

「いや、苦労とは少しも思いません」

——努力のたまものですね。

「さーあ、必死だっただけですよ」

だいたい、こういうふうになっているものだ。成功者だから謙そんしていっているのだと思う人もあるかと思うが、決してそうではない。

●人生の傍観者になるな！

いま現在、自分がやっていることが苦労だと思う人間は、すでに苦労に押しつぶされている。努力せねばと思う人は、努力という言葉に足を引っぱられている。

苦労という重荷を負い、努力というサイドブレーキをかけながら、悪戦苦闘しているようなものだ。

インタビュアーのできそこないは、すぐに「汗と涙」とか「努力と根性」とかの、安手のドラマで人間をくくりたがる。こういうのが人生の傍観者のやり方なのだ。

事を成し遂げるためには、常に先取りが大切だ。済んだことに腰を据えて気楽な馬鹿隠居で、他人にシニバナをとらせるつもりの耄碌親父なら血と汗の結晶がなければならないものだと決めてかかってもいい。

その血と汗を、努力だとか根性だとかごちゃまぜにして、刻苦勉励、臥薪嘗胆、苦節十年というストーリーでながめてみないと、自分が安心できないのだ。

血と汗の結晶はその通りだろう。成功であろうが失敗であろうが、すべて血と汗の結晶なのだ。

しかし、ここは自分の今後の人生であって、人に教えていい聞かすたぐいのものではない。

今後の自分の人生なら、その血と汗をどんな気持ちで結晶させたかが、末後自在に生きる人と、末後失敗して悔やしまぎれに息を引きとる人との分かれ目なのだ。成功者の血は熱く踊っている。失敗者の血は冷たく凍りついている。

つまり、生きているか、死んでいるかの差があるだけだ。

成功する人間は、鼻歌まじりで人のお陰、みんなのお陰でとヒョイヒョイと人生の階段をのぼっていくものだ。

鼻うたまじりが、ふまじめだとか、不謹慎だとかいう人は、はじめから頭が硬直している。こういう固定観念にふりまわされている人間が日本にはあまりにも多いから、オリンピックでコチコチになってしまって、勝てないのだ。

成功と失敗は、いつも裏腹の関係にある。どっちの目がでるか、神さまもご存知ないのだ。偶然なのだ。そんな偶然の結果に目クジラたてても仕方がない。

肩の力を抜いて、鼻歌でもうたうような気分で、勝負そのものの偶然を楽しむことが大切なのだ。

そうすれば、負けというマイナスのイメージにしばりつけられることもない。勝ったというおごりに高ぶることもない。

自然に人生そのものを楽しむことができる。そういう人が人生の成功者なのだ。

「霧しぐれ富士の見えぬもおもしろき」

芭蕉

2 己れが一番幸せだと信じよ！

人間は環境によって生きるものなのか。そうではない。環境を自分自身の力で動かし、作りあげる人間が一番偉いのだ。環境に振り回され、地位だ、金だのとつまらぬことにうつつを抜かしてはならない。
人生、いつも順風満帆ではないのだ。悪い天候もある。これが環境だ。その環境を乗り越える術を持て！

●どん底でどう腹をくくるか

人生の勝敗などは気にしないのが一番なのだ。人生、負けるが勝ちと開きなおってしまうに限る。

こういうと、

「和尚さんは気楽だなあ、負けがこめば、だれだって腐りますよ」

という声が返ってくる。

その通りだ。人間は環境の動物だ。いい環境に生きていれば、それなりに生き生きとしてくる。一流会社で業績好調の部署に配属され、活気のある場所にいれば、その環境にいるだけで、ある程度は顔つきもよくなるものだ。

その逆に、同じ一流会社にいても、活気のない部署に不運にも配属されれば、なんとなく裏ぶれた感じになってくる。

そんなことは、百も承知だ。

しかし、そんなことをウダウダいったって、何になる。

環境が人物をつくるのなら、その環境をとっぱずしてしまえば、それでおしまいじゃないか。

きょう環境がよくたって、あしたの環境がいいと誰が保証してくれるのだ。

「あすありと思う心のあだ桜、夜半に嵐の吹かぬものかは」だ。

一夜あければ絶頂のてっぺんから、絶望のどん底に突き落とされていた。こういうことは珍しいことではない。世の中の日常茶飯事だ。ただ自分の身にかかってきたことはないというだけだ。人に振りかかる不幸なら、自分にきても少しも不思議はない。

「ウチに限って」ということはないのだ。

だから、そういうときに、どう腹をくくるかが、人生最大の問題になってくるのだ。

●「おれのコースが超一流だ!」

人生には、人さまざまな転機がある。

栄転、昇進とはなやかな転機もあるが、左遷、退職という不安な転機もある。

順境のときは、ほっておいてもヤル気満々、本人が張りきっているから、のぼせあがらないように自戒していれば問題ないが、逆境になったときが大変なのだ。

意気消沈して、見るかげもなく落ちこんでしまう。がんばってきた結果が実を結ばなかったのだから、元気をなくしてもいたしかたない。

そういうときは、ヤケ酒飲んでフテ寝するより方法がなかろう。思いっきり飲んで二日酔いの苦しさで、人生の苦悩を帳消しにするのも悪いことではない。

二日酔いの苦しさは、自己嫌悪が大部分なのだから、いずれは起きあがらずにはいられないものだ。

自分のいやさ加減に気づいたら、寝ていた体をムックと起きあがらせる。そして、起きあがったときは、失敗だとか挫折だとかのいやな気分は、アルコールの毒素といっしょに小便のなかに流しだすことだ。

そうしなければ、ほんとうに人間が腐ってくる。過去の失敗の記憶ほど、人間を腐らせるものはないのだ。

人間にとって、もっとも悪い状態はこれだ。挫折とか失敗のショックで意気消沈してしまうから、脳味噌の空気流通が悪くなって、カビがはえて腐ってしまう。

こういうときこそ、環境に負けない精神力が必要なのだ。逆境をハネのける意志の力がなければだめなのだ。

たとえ左遷されるようなことがあっても、「おれはこの辺どまりの人間だ」などとは絶対に考えてはならない。「おれは超一流品だが、あいにくと上に人を見る目がなかっただけだ」と居なおってしまうことだ。

人間は上昇しているときは謙虚になったほうがよい。しかし、落ち目のときに、人の評判とか噂ばなしに素直になってはいけないのだ。悪いときには、悪いことしか人はいわないものなのだ。

「自重自戒なんか、クソくらえ！」という馬力がなければ、逆境から立ちなおることはできない。「お気の毒に」といわれて、「ありがとう」というぐらいなら死んだほうがましなのだ。人に同情をされて、随喜の涙をこぼしてありがたがっているようなやつより、「馬鹿にするな！」とばかり殴りかかっていくやつのほうが、よほど見込みがある。

その気力で、新しい環境に立ち向かって行く。そうすれば、きみが環境に押しつぶされることはない。

大器たるものの、しっかり呑み込んでおくべきことだ。

●下に下にと根をおろせ！

悪いときには、悪いなりに気力をもって生きぬかねばだめなのだ。いや、悪いからこそ馬力をふりしぼって、逆境に立ち向かって行く。人生の波が逆流しているのだから、弱気になったら、たちまちどこまでも押し流されてしまう。転覆する。

大海のまっただ中で、台風に遭ったとき、船の船長はどうするか。へさきを風の方向にむけて、アンカーをおろし、怒濤にまっすぐに立ち向かっていくのだ。

そうしなければ、船体が横を向き、大波を脇腹に受けてたちまち転覆沈没してしまうのだ。

前に進めというのではない。顔をまっすぐに困難な状況に向けて、深く錨をおろして立ち向かえということだ。

「なんにも咲かない冬の日は、下に下にと根をおろせ」

海ほどの荒々しさはないが、私自身がどうにもこうにも、手も足もでなくなったとき、自分にいいきかせる歌が、これである。

●反発心をおさえるな！

私はいつも、みなさんの前で、「いまここでがんばらずに、いつがんばる」と、大声をはりあげているが、べつにみなさんのケツをひっぱたいているわけではない。私の言葉は全部私自身にいいきかせる言葉なのだ。

人間というものは、元来あまのじゃく的にできているもので、「ヤレッ！」と命令的な態度で強制されると、反発してやらなくなる。

実は、この反発心こそが重要なのであって、本来、自分でやろうとする気持ち、自主性があるからこそ、頭ごなしに押さえつけられると、ムクムクと反発的自主性が頭をもたげてきて、「絶対にやってやるものか」となってくるのだ。

それが何よりの証拠には、上司不在のときとか、病気入院中のときに、部下が気さくに動いているということが多い。権威に対する反発、権力に対する抵抗、すべてそうなのだ。エラそうな顔をしているだけで人間は反感を持ってしまう。

ところが権威を振りかざし、権力にすがりつくようなニセ者は、自分に自信がないのが相場だから、力でもって反発心をねじふせ、いうことをきかせようとする。

これが行きつくところは恐怖政治になるのだが、古今東西の歴史をみても、長続きした例はない。それだけ人間の自主性というものが強力なんだ。

「勉強しなさい」と強制しても、子どもは勉強するはずがない。

「仕事をやれ」と怒鳴ってみても、部下は仕事をやるはずがない。

強制されて反発心を起こし、あまのじゃく精神を発揮して、逆に遊びに飛び出すような子どもなら、大いに見込みがある。

勉強であれ遊びであれ、自主性の発揮ということでは同じ方向を向いているからだ。こういう子どもなら、だまっていても遊びが終われば勉強にかかっていく。

●「けんか」を恐れるべからず！

一番始末が悪いのが、勉強をやれといわれて勉強をやってるようなふりをする子どもであり、仕事をやっているようなふりをする部下なのだ。

やりたくなければ、やらない。これも自主性なのだが、それを押し殺して、表面だけは命令に服従しているような形をとる。

面従腹背なのだから、勉強や仕事に成果があがるはずがない。成果があがらなければ、母親や上司からきびしく叱責される。

そうすると、ただひたすらに平身低頭して頭の上を嵐が通りすぎるのを待ち、台風一過して青空になるや、「目標がでかすぎるんだから、どだい無理なんだ」と責任回避してしまう。

「やれ」と「やらない」のぶつかりあいなら生産性がある。上司と部下が自分の主張を堂々とぶつけあって意見を戦わせ、とっくみあいのケンカをするような会社なら、必ずや発展するだろう。

だいたいケンカというのは、すごい馬力がいるものなのだ。損得を考えたら、バカバカしくなってやれなくなる。

「ご意見、ごもっとも」

「いや、おっしゃる通り」

腕ップシに自信のないやつらが、おおいに謙譲の美徳精神を発揮して、君子あやうきに近づかずの音なしのかまえ。

こんなものは出来そこないの相互扶助協同組合みたいなものだ。もはや株式会社の体をなしてはいない。

会議などを見てみると、満場一致、衆議一決、まことに整然たるものだが、満場一致などというものが、そもそもありうるものだろうか。なんだかうす気味悪い。

人間、ふたり以上がガン首をならべていれば、意見が違ってくるのがあたりまえだ。何十年も顔をつきあわせている夫婦だって、しょっ中ケンカをしているのだ。

日本の国会なども、ひとむかし前は、与野党の議員センセイたちが、とっくみあいでチャンチャンバラバラ。まるでラグビーの試合を見ているようで、社会の木鐸、新聞人のひんしゅくを買ったが、私などはケンカ法師の血筋をひいているのか、たいへんにおもしろかった。

思えばセンセイ方の肉弾戦も、高度成長の終えんとともにおしまいになったようで、最近のテレビではとんとお目にかからなくなった。さびしいことである。

ケンカというのは活気である。活気のないところに進歩はない。だから、人間もケンカをしなくなればおしまいということだ。

そこには反発心もなければ向上心もない。自主性がまったく発揮されていないのだ。そんなものは墓場の平和みたいなもので、生きてる人間の住むところではない。

子どもは親に反発し、部下は課長の椅子を奪いとる。社長同士はライバルをたたきつぶす。これが人間の正常な姿なのだ。それぞれのルールにのっとって、正しく腕を磨いて大いにチャンバラをやっていれば、社会は健康なのである。

●ヘタな鉄砲でも狙わなければあたらない

先日、知り合いの若いサラリーマンが、私のところに青い顔をして訪ねてきた。

「どうも、クビになりそうです」

開口一番、ためいきとともに陰気な言葉を吐き出した。

私は間髪を入れず、

「そうか。それはめでたい。ありがとうございます。そういってクビになりたまえ」

そういって、さっと観光客の案内をするために立ちあがった。

当人はえらく不服のようだったが、私はこういう相談には答えが見つからない。

「クビになりました」というのなら、なんとかなる。泣きわめいて、生きるの死ぬのと大騒ぎしても、時間がたって頭にのぼった血がさがれば、一から出なおしでやりはじめるのが人間だからだ。

ところが「クビになりそうだ」というのではどうにもならん。なるのかならないのか、どっちかにしてもらわないと困るのだ。

「クビにならないうちに」というのなら、私のところにくるのはおかど違いである。なりたくなかったら、上司に直訴でもしたらいい。

だいたい私はクビになるとか、ならないとかそんなことをクダクダ考えて仕事をやっている人間は大嫌いだ。

クビクビクビ……と何回も唱えてみなさい。そのうちビクビクビクビクとなってくる。

クビにビクビクするような男が、まともな仕事ができるはずがない。まず失敗をしないことだけを心がけるから、周囲の顔色ばかりうかがって自分から体を動かそうとしない。

風向きが左になれば左、右になれば右。まるで自分というものがない。こういうのが百人集まっていても、人によりかかってオコボレちょうだい的に生きている人間の集団だから、ひとりの骨っぽい男がでてきたなら、十把ひとからげでやっつけられてしまう。

指揮官が「撃てえッ！」と号令をかけたって、百人が全部てんでばらばらに鉄砲をぶっぱなしても、敵にあたるわけがない。

百ちょうも鉄砲数が揃ってるんだから、誰かのタマがあたるだろうってなもんである。ヘタな鉄砲数撃ちゃあたる、というが、ヘタな鉄砲でも狙わなくては絶対にあたらないのだ。

こういうマトを狙って撃つことができないのが烏合の衆といって、ギャアギャアうるさいばかりの連中なのだが、カラスだってもっと頭がいいのだ。トビなどがテリトリーを侵害してくると、一致協力、編隊を組んで迎撃にかかり追っぱらってしまう。

ギャアギャア泣いてるだけの人間集団は烏合以下の衆ということになる。

●他人のカスリで生きるのなら死んだほうがまし

なぜうるさく泣くかといえば、声ぐらいあげなければ目につかないからだ。目につかないと仲間はずれにされてクビになると思っているからだ。

弱い犬ほどよく吠える。こわいから吠えるのだ。ビクビクしているから威かくにでる。こういう犬が泥棒に立ち向かって噛みついたということは聞いたことがない。強敵がきたらシッポを巻いて逃げるのに決まっている。

しかし、番犬なら吠えるだけで警報機がわりになるが、人間となるとムダ飯を食うだけで始末が悪い。

「クビになりそうです」などと青い顔をしているのは、クビになったら食えなくなることがこわいのだ。

仕事にうらづけられたメシを食わずにムダ飯ばかりくらってきたから、自信というものがあるわけはない。だからビクビクしてしがみつかなければならないのだ。

体あたりで仕事にぶつかっている人間なら、もし失敗してクビだといわれたら、

「アハハ、さようですか。しからば、ごめん」

さっさと荷物をまとめて、ありがとうございました。いい勉強になりました。笑ってご退場となるものだ。

むかしのひとは、「男は辞表をポケットに入れて仕事をやれ」といったが、そのくらいの覚悟でかからないと、ほんものの仕事ができないからなのだ。

ほんものの仕事ができなければ、いつまでも自信がつかない。自信がなければクビがこわい。こういう悪循環になってしまう。

だから私は「クビになりそうだ」などとタワケたことをぬかしているやつには、「ありがとうございます」といって、さっさとクビになることをおすすめしているのだ。

だいたいモトデをかけずにもうけようという魂胆がいけない。他人のカスリで生きてるのなら死んだほうがましと心得るべきだ。

そんなことではいつまでたっても、自分の手と足を使って金を得ることが身につかない。当初は苦しいだろうが、まっ裸になって一からやりはじめることだ。

食うことがなまやさしいことではないと、気がついただけで、大成功だ。

金が簡単にもうからないとわかれば、大収穫だ。

●ビクビクするな、精一杯やれ！

ムダ飯、ムダ金を使わないことに徹すれば、あなたはその瞬間から大金持ちの階段を一歩踏みだしている。

天国というのは地獄で苦しんだ人から先にキップが渡される。「善人なおもて往生をとぐ、いはんや悪人をや」である。

天国なんか仏さんがいなくたってどうってことはない。地獄に仏なのだ。クビになって血みどろで悪戦苦闘。すべって転んで七転八倒やっていれば、それだけ仏縁に近づいていることになる。

「痛い！」と思えばたいしたものだ。それが生きてる証拠なのだ。

「沈香もたかず、屁もひらず」の一生を送るよりも、地獄に行って鬼退治するくらいの気迫を持って生きたまえ。

ジョン・ミルトンもいっている。

「天国にあって神の奴隷となるよりも、地獄に行って悪魔の王になる」（『失楽園』）

禅の言葉でいえば「仏にあえば仏を殺し」の心境だ。「殺」とはこだわりを捨てることだ。神仏さえにもとらわれない、自在無碍の気持ちがあれば、何もこわくない。

クビがなんだっていうのだ。ビクビクするな。精一杯やっていれば、「ありがとうございます」に自然になってくる。

3 さあ、世の中愉快で愉快でたまらぬぞ！

人の一生は大きな川の流れの中を泳いでいくようなものだ。緩流もあれば急流もある。その流れを堂々と乗り切っていくのが素晴らしい人生だ。

流れに逆らって一つところにしがみついていたりすれば、アップアップするのは目に見えている。どうせこの世に生まれたからには、常にゆとりをもって自然体で愉快に生きようじゃないか。

●先取り精神が楽しい人生の鍵

勉強のできる子とできない子、仕事のできる人とできない人——この差はすべて〝好きかきらいか〟で決まってくる。

「好きこそものの上手なれ」

この言葉がすべてをいいあらわしている。

能力の差なんて大したことはないのだ。頭の程度なんて、人間みんなチョボチョボだ。では、どうして好きな人間ときらいな人間ができてしまうのか。

その差はぜんぶ、段取りがうまいかへたかで決まってくる。段取りは、先取り精神なのだ。勉強の好きな子供は、「やればできる」の気分で勉強を先取りするからおもしろくなる。よくわかる、となる。逆に勉強のきらいな子供は、勉強のあとを追いかけてくる。だからおもしろくない、わからない、となる。

勉強を好きにするのも、仕事を楽しくするのも、人生をおもしろく生きるのも、すべて最初の〝やる〟〝取りかかる〟という、段取りにかかっているのだ。

「はじめチョロチョロ、なかパッパ」

これはメシたきの要領だけではない。人間の生き方をしめす要諦でもある。

現代人の生活は電気、水道、ガスと全部ひねればＯＫになってしまったから、間違いが多くなったのだ。人間が始動するのに、ひとひねりで出発進行というわけにはいかない。

頭が順調に回転しはじめるのだって、起きてから二時間近くかかる。手間ヒマがかかるようにできているのだ。

それを無視して、寝ボケ頭で勉強や仕事にとりかかるから、わからない、できない、となってしまう。あたりまえだ。

「早起きは三文の得」

というのは、まさにこのへんのところ。寝ボケ頭をハッキリさせる余裕をつくる。これが段取りのうまいヘタの、へだたりの第一歩なのだ。

焚火だってそうだ。火がつくまでには、新聞紙を丸めて入れたり、枯枝を組み合わせたり、いろいろ段取りをしてやらなければ、なかなか燃えないが、いったん火がつけば、あとは勝手に燃えていく。

一〇〇冊の本を読むとしようか。この場合、五〇冊目が山なのではない。山は二、三冊目なのだ。二、三冊読んで本のおもしろさがわかれば、あとは放っておいても読んでいく。はずみをつけてやれば、勝手に動いていく。これが段取りの大切さであり、自力の発揮ということなのだ。

段取り七分、仕事は三分というぐらい、仕事は段取りに勝負がかかっている。

段取りさえうまくやれば、勉強も楽しい、人生も楽しい、と変わってくる。

人の一生は、先取り勝負なのだ。

●人生の川の流れに逆らうな！

さて、少し古典の勉強をやってみようか。

――行く川の流れは絶えずして、しかももとの水にあらず。よどみに浮かぶうたかたは、かつ消えかつ結びて、久しくとまる事なし。世の中にある人と住家と、またかくのごとし。

ご存知、鴨長明の傑作随筆『方丈記』の冒頭部分である。

流れて行く川の水は、いつも絶えることなく変わらないで流れているが、しかもいま流れているのはもとの水と同じものではない。

水の静かによどんでいるところに浮かぶ水の泡は、一方で消えると、一方ではできたりして、同一の泡が長く一カ所に消えずにとどまっていることはない。

世の中にいる人間と、その人間の住居とは、やはり、この水の流れや泡のように、刻々と移り変わって常のないものである。

口語訳すれば、だいたいこういう意味だ。『平家物語』の「祇園精舎の鐘の音、諸行無常のひびきあり」と同じく、「無常観」ということを端的に示している名文である。

人間というものは、どうしても地位や名誉、権力や金に執着しがちになる。そういう執着にとらわれてしまうと、自分というものを固定的に観てしまうことになる。

社長になれば社長らしく、部長になれば部長らしく。これは間違いではない。よい社長になって業績をあげ、社員の月給をあげることは、まっとう正しいことである。

悪いのは、その社長という地位にいる自分を、不動のものとして執着することなのだ。社業発展という攻撃面よりも、地位安泰という保身が先に立ってしまう。ここにいたって企業という川が停滞を起こすことになる。

造反、クーデターがはじまる。

かつて、「なぜだ!」という名（迷）文句を吐いた某百貨店の前社長の例になってしまう。

なぜだもクソもない。自分が堤防かダムでもつくって、流れをせきとめてしまっているのだから、いずれ水圧が高まって決壊するのはわかりきったことではないか。

●自分の流れを乗りきって生きよ！

人間というものは、人生の流れの中で、川の水のように自由に動けることが大切なのだ。地位にこだわるのではなく、その立場、置かれた状況で全力を尽くす。上も下も、全体も部分もない。ひたすら自己を燃焼し尽くしてきれいな灰を残す。これが正しい姿勢なのだ。よい炭ほど、燃え尽きたあとの姿は立派である。安炭のようにくずれない。年輪の形までそっくりと残る。

質の良い人間の業績もまったく同じことだ。意気を吹き込んで、自然な姿で完全燃焼。これしかない。それが、おだてられたり、蹴落とされたりで一喜一憂する。調子が狂ったのマイペースでいけなくなったのと大騒ぎをする。

こんなものは全然、マイペースが狂ったなどということと違う。おだてられた場所に居坐ろうとしたり、蹴落とされた場所にとどまろうとすることで、自分で行き詰まりの壁を作りあげているだけなのだ。

人生は流れなのだということを心得なければならない。とどまってはいけないし、その場所に居坐って、流れに逆らうことは許されないのだ。逆らえば、必ず反動がくる。これは大鉄則なのだ。

人生の川には、清流もあれば濁ったよどみもある。山峡の急流もあれば、平野の緩流もある。そのうえ、台風で大雨が降れば、ときには洪水を起こすし、乾期がくれば水枯れも起こす。まことに常ではないのだ。

そのときどきの流れに合わせて、その流れを信じ、流れに乗りきっていく。これがほんとうの自然体ということだ。

自分が急流にさしかかっているとき、他人が川幅の広いところで悠然と棹をさしているのをねたむのは馬鹿である。

自分の急流をしっかりと乗りきる。乗りきれば、あとは平坦なところにでるのだ。

急流ばかりの川はない。緩流ばかりの川もない。大河か小川か、そんなことはどうでもいい。自分の流れを乗りきって生きる。そういう悠然たる自分でありたいものだ。

●自然体で人生を乗りきる

勝海舟の座右の銘に「六然」というものがある。これは中国の明末の学者・崔後渠《さいこうきょ》の言葉である。人生の箴言、いましめとしては最高の段階にあると思うので、紹介してみたい。

（一）処自超然——自らを処すること超然たれ
（二）処人藹《あい》然——人を処すること藹然たれ
（三）有事斬《ざん》然——有事には斬然たれ
（四）無事澄《ちょう》然——無事には澄然たれ
（五）得意澹《たん》然——得意なときは澹然たれ
（六）失意泰然——失意のときは泰然たれ

説明しなくても、だいたいの意味はおわかりだと思うが、難解な漢字もあるので、老婆心ながら簡単に解釈してみる。

（一）自らを処すること超然たれ
——自分を絶えずつき放して眺めること。

（二）人を処すること藹然たれ
——人に接するときはなごやかな気持ちで応対すること。
（三）有事には斬然たれ
——一朝、事あるときは旧来の考えにとらわれない勇断をふるうこと。
（四）無事には澄然たれ
——事がおさまったあとは、雑念を払い、清閑を楽しむこと。
（五）得意なときは澹然たれ
——ものごとがうまくいって得意なときは、うきうきして軽佻浮薄になりがちだから、つとめて淡々とした態度を示すこと。
（六）失意のときは泰然たれ
——逆に、失意したときこそ、やせがまんでもいいから、ゆったりと落ちつきを見せること。

どうですか。人生の処方箋として「自分」と「他人」、「有事」と「無事」、「得意」と「失意」、この六つの観点から観て、そのときはどうしなさいとやさしく教えている。

この「然」ということは、言葉を置きかえると、全部「自然」ということになる。
なぜ、このわかりきったようなことを、わざわざ書き出して自分のものにしようとするのかといえば、それだけ人間は自分自身を自然体にすることがむずかしいということだ。
自分のことは客観的に見られないものだし、
他人《ひと》のことを非難しがちだし、
有事にはうろたえて打つ手を忘れるし、
無事にはたいくつをもてあますし、
得意のときは有頂天になって大騒ぎするし、
失意のときに悲嘆にくれて泣きさけぶ。
こういう状態は人生の流れに乗って生ききっているのではなく、流れに翻弄されて沈没寸前になっているということだ。

●物事の両面を見ることから余裕が生まれる

人間は感情の動物だ。嬉しいときには笑い、悲しいときには泣く——和尚さん、こういったではないか。こうあなたはいうかもしれない。その通りだ。思いっきりそうすればいい。

だが、それは自分ひとりの心のなかでやれ。

ひとに見せてまわっても、何の役にもたたないし、かえって迷惑になる。楽しいから人も楽しいと思ったら大間違いだ。悲しいから人が同情してくれるとおもったら大誤解だ。

自分の生命は、自分の力のスリ上げで向上するほかに方法はない。誰かにささえられているのではないのだ。自分の二本の足で立っている自分に気づくことが先決だ。

「六然」を読んでいただいたが、「六中観」もまた私をはげます楽しい理屈だ。せっかくのことだから、御披露申しあげる。

死中有治　苦中有楽　忙中有閑

壺中有天　意中有人　腹中有書

ここではむずかしいものは何もない。ひとつだけ「壺中有天」がなじみのない言葉かもしれないが〝人知れず自分だけがもつ別天地〟と覚えておけばよい。いわば〝ゆとり〟のことである。

すべて物事は二面性を持つ。一面だけを見ては実相が見えなくなる。忙と閑はまったく逆のように見えるが、結局は同じところにある。

そういう観点にたって、間違いのない人生を生きることを心掛けたいものだ。要は、どんなときにも余裕を持つことなのだ。

●武蔵が琵琶に学んだ「人間の余裕」

こういう話がある。

もうすでに戦前のことであるが、『宮本武蔵』の執筆前の吉川英治さんが、薩摩琵琶の名人といわれた吉村岳城さんと、ある料亭で酒をくみかわしていた。

話も進んで、「人間の余裕」ということが話題になった。

すると、吉村岳城師は、いきなり自分の愛器である琵琶をまっぷたつにたたき割った。

吉川氏が中をのぞくと、そこにはわずかずつすきまが作られている。

つまり、このように見えないところに、わずかずつすきま、余裕があるから、張りつめた琵琶の音色になる。このすきまがゆるくとも、はりつめていすぎても、琵琶の音色はだめだ。

岳城氏はそれを示したわけである。

これを聞いた吉川英治氏が、

「それをもらった」

といったという。

それが小説『宮本武蔵』の名場面の一つとしてよみがえってくる。「風の巻・断絃」の一節である。

●あなたの全部が先取りの知恵だけでできている

人生、重たく考えこんでいたのでは息がつまる。負けてしまう。

もしそれが現在目前のことであったなら、事件物、テレビドラマにでも連想をつなげて、一人、作家にでもなった気分で、スリルを満喫して、先取り志向でかろやかに理解をすすめていくのが望ましい。

先取り、先取りで本番にのぞむわけだが、本番試合の前には、先取り練習の疲労もすっかり取りのぞき、ベストコンディションで、本番の試合にのぞむという先取りの夢をもってこそ、楽しい人生だ。

実際、人間なんて知恵以外に何もない。

どの人も、この人も先取り知恵だけでできている。

先取りの知恵だけで世の中は動いてきた。

自分を信じていない連中だけが、他人に対する教育があるかのように錯覚し、悪い結果が出たときに、他人のせいにして、他人を批判し、この場こそ、その場こそ、自分自身のチャレンジ・チャンス、向上チャンスであるのに、そこから尻ごみ、逃避してしまって、自分を一歩なり半歩なり進めようとしなかった。

現在食事をしている最中の人も、他人にのぞきこまれて気分よく食べられるはずがない。

字を書いている人も、話をする人もそうだ。大ぜいの人の前で話すと、変に力が入って無理に筋書きを整えようと努力してしまう。

妻や子どもに話をしていると、筋書きも何もない、あちこちの話、支離滅裂の会話でも自ずと筋合いがととのい、和気藹然《わきあいぜん》とする。

皆の前でこわばっているのとでは、えらい違いだ。

ベテラン技術者の軽快な仕事さばきも、人の眼を意識すると巧妙さにカゲリが出る。人の仕事の邪魔をしておきながら、人を監督していると嘯《うそ》ぶく上司というのが、意外に多い。

ＩＮＧの現在形でも、他人の邪魔をしているというのに、すんだ後になって、「こんなバカなことをして――」なんてくやしがるようなやつは、まったくの馬鹿者だ。

今日の世界はどうしてできたか、わかっていない。これはどこでも、先取りの知恵ででてきたものである。

あなたのからだもまた、他のものなんて一切ない。全部が全部先取りの知恵だけで構成されている。

さあ、世の中、愉快で愉快でたまらぬぞ。いっそのこと、君のアダ名を教えてあげよう。

〈世界を相手に誰にも負けない、あんたが一番えらいんや！〉

4 堂々たる人生を生きる！

人に教えてもらおうという気持ちが間違いなのだ。そして、人に教えてやろうという心がすでに間違っている。

人間が人生という大事業を成就することは、「学ぶ」ということ以外に何もない。学ぶことは自然界の大鉄則なのだ。「学べないものは死ぬ」。これをあなたは学ぶことだ。

●独立不羈の精神を持て！

九州のボランティアの人たちと、重度障害児の子どもたちをつれて、山登りをしたことがある。

山の登り口で、ボランティアの人たちが三人がかりで、ひとりの子どもを引っぱったり押したりしているが、その子どもは両手両足を突っぱって、こんりんざい動くものかといった格好でビクともしない。

そこで私がその子どものうしろにまわって、こういってみた。

「おっちゃんも、山登るのイヤヤ。おっちゃんの手、引っぱってくれんか」

そういって手を出したら、なんと、その子どもが、「アホらしい」という顔をして、ひとりでスタスタ登りだしてしまった。

もうひとり、もっと強者がいた。地面のうえに大の字になって寝ころがり、「さあ、殺せ」といった形で伸びている。

こりゃあ、根性が据っとると大いに感心して、私もその子どもに習って大の字に寝ころがった。

「キミが一週間寝ころんどるなら、おっちゃんは二〇日間寝といたろ」

そういって、子どもの顔にこっちの顔をくっつけて寝ていたら、その子も「アホくさ」という顔をして、さっと起きあがって歩きだして行った。

これを俗に反面教師という。

人間というものは、まことに独立不羈の精神が旺盛な生きもので、右といえば左というし、立てといわれれば座りたがる。

不良少年、暴走族などは独立精神のかたまりのようなものであって、日本の将来を考えれば大いに珍重すべき存在だ。

べつに皮肉っているのではない。

母親のペット同然でベタ可愛がりされ、何をやるにも自分で決められないような、ヒゲのはえた大の子どもに育ってしまうよりも、反発心のバネをきたえて裏街道をブッとばしているほうが、はるかに見込みがある。

いまは裏街道のチンピラギャングかもしれないが、そのうちちゃんと表にひっくりかえってくるものなのだ。手のつけられないガキだといわれた子どものほうが、社会に出て大成しているのは事実なのである。

簡単なことだ。社会というものは、もともと教科書的な知識なんか、てんで通用しないようにできあがっているからだ。

これを勉強しなさいともいってくれないし、こうやりなさいとコーチもしてくれない。教科書の中味さえ覚えれば優等生、という育てられ方をした者は、何をどうやったらいいか手も足もでなくなってしまう。

現に東大生とか京大生に五月病が多いというのは、ノルマの消化ばかりをやってきた受験勉強のツケがまわってきているのだ。

●遊びも仕事も徹底的にやりぬけ！

そこにいくと、自主的に落ちこぼれている連中は強い。勉強そっちのけで退屈しのぎ、ヒマつぶしのネタさがしに命を賭けているから、空白の時間とやらはお手のものだ。自分がおもしろおかしく遊ぶことに熱中する。時間が生きているのだ。

人間社会はヒマつぶし、ネタさがしの競争みたいなものなのだ。

一概に「自由」といっても、頭の中だけで自由と民主主義、権利だ義務だと騒いでいるやつほど、ほんとうの自由ということを知っていない。

「おまえさんは、自由なんだから、何でも自由にやっていいよ」

こういわれて完全な自由の身になったらどうなるか。一週間や二週間ならせいせいするかもしれないが、一カ月となるともはや地獄だ。魔の退屈ということになる。自由というものはまことに不自由だという真理中の真理を発見するだろう。

こういうことを、しょっ中やっているやつもいる。

一カ月ほどつとめたと思ったら、すぐ会社を辞め、サッパリした顔でパチンコ、競馬、競輪、マージャンと日々是多忙。なるほど自由とはケッコウなものと思っていたら、一週間もすると遊びに飽きてくる。

するとまたどっかの仕事口を見つけだして、また就職。一カ月するとまたやめる。

こんなのは遊びや仕事に飽きるんではなくて、自分に飽きがきているのだから、何をやっても長続きするはずがない。

会社を辞めて遊ぶんなら、三年寝太郎ぐらいの覚悟で、徹底的に遊びまくれ。その遊びの中からほんものが見つかってくるかもわからない。

それで何もでてこなかったら、自由だの束縛だのとゴチャゴチャいわずに、もう一回やりなおせばいい。

遊びに中途半端な人間は、仕事にも中途半端なのだ。徹底的にやり抜いて三昧の境地に達しておれば、もはや仕事とか遊びとかの区別はない。立派な人生の事業である。

それを仕事だからやらねばならぬ。女房子どもを養わねばならぬ。「ネバー・ギブ・アップ」なら立派なものだが、「ネバナラヌ」のコチンコチンだから、一日の労働の苦労《ストレス》とやらを、女房子どもに押しつけて、

「だれのおかげでメシ食っとるねん！」

こういうのも「ネバー・ナラヌ神」。絶対になってはいけないという男の標本として、仏法では教えている（いや、これは冗談、冗談）。

●くだらなくてもムキになって取り組め！

いまの世の中は教えすぎだ。小学校・中学校の義務教育からはじまって、学習塾、ピアノのレッスン、バレエのけいこに水泳教室。

そのほかにどんなものがあるのか、数えるのも面倒なほどだ。子どもばかりではなく、大人の世界でもカルチャー教室が花盛りだ。

日本人の向学心見あげるべし。実はそんなもんじゃない。全部、知識の詰め込み作業だ。こんなに詰め込んでよく入るものだと感嘆するほどギューギューやっている。

知識というものはいくら詰め込んでも、ものの役には立たないのだ、ということをわれわれは忘れている。

古今東西何万人の聖人君子、哲学者、文学者、数学者、天文学者、教育者（ああ、くたびれた）がいたか知らないが、そういうイダイな頭脳から吐き出されたのが、いわゆる知識であって、そもそも吐き出したご本人だけにしか通用しないというのが原則なのだ。

万巻の書物をひもとくという姿勢は悪くないが、書物の中だけに真理があると思ったらそれは間違いなのだ。

人間はそれぞれの生をまっとうしていれば、それが真理なのだ。自分の生きているまわりにあるものすべて、花が咲くということ、虫が鳴くということ、腹がへるということ、屁がでるということ。ぜんぶ身のまわりにおきることに、いつも新鮮な感動をもってそれを観、そして学ぶ。これが本物の知識なのである。

「なんだ、くだらない」

とあなたは思うだろう。

そのとおり、くだらないのだ。そのくだらないことにムキになって取り組むのがホンモノなんだ。

ソクラテスは女房のヒステリーに悩まされて、人間とはぜんたい何であるのかを考えていたら、それが哲学になった。

ファーブルはアリンコと遊ぶのがおもしろくって、大人になってもクセが抜けなかったから、昆虫記が書けた。

ワットはヤカンのフタが湯気でバタバタはねているのを見て、蒸気機関を発明した。

ニュートンにいたっては、散歩中にリンゴが落ちるのを見て、万有引力の法則に気づいた。

みなさんなんというヒマ人であるか。世の多忙人は、すべて「くだらない」として眼にもとめなかったことばかりだ。

●そのつど立ち向かう姿勢――これが宝だ!

日本人だってすばらしく「くだらない」人はいっぱいいる。

あの弘法大師空海さん。当時の東大といわれる大学に入ったけど、何を思ったのか中途退学した。それから十年近く何をやっていたのかよくわからない。山の中に入って修行していたというのだが、いまの常識で考えればヒッピーやっとった。当時だって典型的なおちこぼれだったのだ。

だいたい坊主というものは「出家」といって、社会の枠組みや常識からオサラバするのがさだめであるから、むこう側の理屈で考えれば、いちじるしく「くだらない」存在なのです。

第一、わがお釈迦さまがそうだ。二十九歳（別な説もある）のとき、王侯貴族の生活にいや気がさして、女房子どもをうっちゃって家出して、六年間も難行苦行して、ようやく悟りを開いたのだ。

まわりの常識人はみんなあきれかえったのではないかな。いまでいえば立派な蒸発や。

こういう具合に世にいわれる偉人というものは、まことによそ目から見れば「くだらない」ことに命を賭けた人たちなのだ。

しかし、その命がけな姿は、なんとも魅力的ではないか。

こういう「魅力」というものは、書物を何万巻読破しても、決してでてくるものではない。己れが一生を燃焼させつくして真理を見い出し、その業績がいまのわれわれに知識として残っている。

だから書物の知識というものは、その人間の決算報告書のようなものだから、断片だけを見てもわからないし、活用できない性質のものなのだ。

われわれは、書物でなしに、その人間の生涯の姿を学ぶべきだ。人生を生き抜いた姿勢を学んで、その意気を感じる。

困難な状況に立ったとき、「ああ、あの人はこういうとき、こうやったんやな」と教えてもらう。これが師に学ぶということなのだ。

これを人生の師というのだ。

人生の師は、まわりになんぼでもいる。

花や蝶ではわかりづらいというのなら、身近な人間に学びたまえ。いやな課長でも課長のやってきた実績を見習う。信用できない先輩でも、先輩のやってきたことは信じるほかないだろう。

学校で知識をとって、会社で給料とる、それだけのものなら、人間何年やっとってもつまらん。人生に何のプラスにもならん。

英語や数学の先生からは、英語や数学に立ち向かってこられた苦労をとる。会社の先輩からは、会社での仕事に立ち向かってこられた苦労をとる。

そのつど立ち向かっていく姿勢――これこそが死ぬまで役に立つ、ほんとうの宝なのである。

●教えるものは何もない！　ただ己れが学ぶのみ

禅宗では教えるということをやらないのである。「啐啄同機《そくたくどうき》」。ヒナ鳥が生まれようとするとき、親鳥もまた卵のカラを破る手助けをする。教えるのではなく、手助けをする。これが禅の考え方なのだ。自然の英知を受けて生まれ育とうとしている生命を、太陽の光ではぐくみ、そしてときにはブン殴って、寒風に耐える訓練をしてやる。

動物の世界を見たまえ。親は子どもに何一つ教えようとはしていない。教えているように見えるのは、人間さまが勝手に自分の頭でそう考えているだけなのだ。

親は子が自分で動けるまで、乳を与える、エサを与える。草食哺乳類や鳥類などはこの段階でジ・エンドだ。

人気のあるキタキツネも、母親のあとについて、ヨチヨチ歩いている子どもたちは、なんとも可愛い。

あれは何のためにくっついて歩くのか。母親がいかにしてエサをとり、危険をさけて生きているのか、その姿を学ぶのだ。

人間には、いかにも母親が子どもたちにエサのとり方や、危険のさけ方を教えているように見えるのだが、親は手とり足とりで教えているのではない。子が親に学んでいるのだ。その証拠に学べない子どもは、冷然と突き離す。弱い子をベタ可愛がるということを動物はしない。

学べないものは死ぬ。

これが動物界の大原則であり、すべての自然界の鉄則なのだ。

●でっかくはばたくために

テレビで犬ワシの巣立ちまでのドキュメントを見ていて、ひどく感動した。

犬ワシという猛禽類は両翼を広げると一メートル半以上になるという、日本では最大、最強の鳥だ。空の王者である。

王者であるからか、ヒナは一羽しか育てない。卵は二個生むのかどうか知らないが、ともかく一羽しか育てないそうだ。

なぜかと思って見ていたら、さもありなんとわかってきた。よく食うのだ。オス、メス二羽の親ワシが、必死でエサを運んできてもおっつかないほど、よく食う。これじゃあ一羽しか育てられないなとナットクした。エサ代のかかること人間以上なのだ。

そうやって親ワシの奮戦努力のすえ、ヒナワシは三カ月後あたりには、なんと親ワシ以上にデカクなる。ヒナ鳥のワタ毛のような羽毛のせいでバカでかく見えるのかと思ったら、ひたすら巣の上で食うだけ食って育つから、実際に運動不足で、相撲とりのようにデブなのだそうだ。

この大肥満児が、巣立ちのときを迎えることになる。これが、大スペクタクルだ。

まず、両翼一メートル半という羽をバタつかせて、岸壁の狭い巣の上で、跳んだりはねたりのウォーミング・アップをやりはじめる。ドッスン、バサバサ。バサバサ、ドッスンで、ヘリコプターが、ホバリングしちゃあおっこちるといった格好だ。

いまにも巣から跳びだすんじゃないかと、こちらは気が気じゃない。ここで巣からハミだしたら親の苦労は水のアワ。元も子もなくなってしまう。

この巣立ちのためのトレーニングを何日かやったのち、ついに運命の日がくる。旅立ちの朝だ。大自然の舞台は静寂そのものである。

●犬ワシの初飛行に見る一か八かの勝負

ヒナ鳥は巣のフチを太い脚でガッキとつかみ、深く切れ込む眼下を見おろし、そして己れの生きる舞台である大空に双眸を移す。

なかなか飛ばない。金色の眸がこころもちおびえているようだ。無理もない。処女飛行なのだ。うまくいけば空の王者、とちればただのデブ。一か八かの勝負なのだ。

私は手に汗にぎってテレビの画面にくらいついた。

一秒、二秒、三秒……。

と、飛んだ！
一、二回、羽ばたいたようにも思うが、いきなり羽を伸ばすと、そのまま巣を離れたようにも思える。

とにかく飛んだ。いや、飛んだというより羽を伸ばしたまま、大空に滑空を試みたというように見えた。

黒いグライダーというか、スカイ・カイトが山峡のせまい空にフラフラとただよっている。私にはボロ切れが風に舞っているような感じにも見えた。

「だいじょぶやろか」

私は画面を見ながらハラハラしていた。

そこでいったんフィルムは切れた。そして別のシーンが映った。

私の悪い予感は的中した。その若ワシは森林の一本の樹のこずえに、羽をおろしていた。崖の上ではない。谷底に近い樹だ。

そこでナレーターの声が入った。

羽の筋肉力が十分でない若ワシは、処女飛行に失敗して地上に降りてしまうと、その体重を再び空中に上昇させることは絶望なのだという。

自己の天運を知ったのか、双眸に悲哀の色を濃くした若ワシの顔をカメラはズーム・アップした。それから二羽の親ワシがはるか上空を旋回する姿をとらえて、このドキュメントは終わった。

私はため息をついた。なんだか腹が立った。「近くまで撮影隊がいっとるのやろ、なんで助けてやらへんねん」

そう思ったが、これが大自然の摂理というものなのだ。人間の手でどうこうできるものではない。

勇猛な空の王者、犬ワシとして、天空をはばたくことが、どれほど困難に満ちたことであるのか。それをあらためて思い知った。

思わず犬ワシの話が長くなった。話を前に戻す。この犬ワシでも端的にわかるように、親は、全力を傾注してヒナを育てる。エサを与える。これは自力で巣立ちをするための手助けである。そして飛び立つ日が近づけば、エサを与えるのをやめる。ヒナは飢えなければいつまでも飛ぼうとしないのだ。

運命の巣立ちの瞬間には、もう何も手助けすることもない。親はジッと遠くから見守るだけだ。そしてそのヒナ鳥の生きる力にすべてを託しているのだ。

何一つ教えていない。すべきことをして突っぱなす。教えてやるなどというおしつけがましいものは何もない。清々浄々、ただ美しいばかりに自然にまかせ、自己を投げ棄て、生ききり、死にきっている堂々たる姿があるのみである。

はたして君は王者たり得るか。

大器たるものなるか。

いまこそはばたくとき。

強い心をつくる５つのヒント

著　者　尾　関　宗　園
発行者　真　船　美　保　子

発行所　ＫＫロングセラーズ

〒169-0075　東京都新宿区高田馬場2-1-2
電　話 03-3204-5161(代)

印刷・暁印刷　　製本・難波製本

ISBN978-4-8454-5008-4
Printed in Japan 2017